# 정반합

KB038520

# 正反合

# 정반합

## 히트상품을 만드는 가장 빠른 키워드

오윤희 지음

page2

# 지금 우리에게 '정반합'이 필요한 이유

흔들리는 진자는 좌우를 왔다 갔다 이동하면서 균형을 찾아간다. 우리 사회 역시 비슷한 방식으로 작동한다. 하나의 이념이나 체제에 의해 움직이다가 그 반동으로 등장한 이전과는 완전히 상반되는 새로운 체제의 영향을 받고, 결과적으로 둘 사이 균형을 잡아가는 식으로 말이다.

이런 현상을 우리는 정반합正反合이라고 부른다. 정반합은 독일의 철학자 헤겔이 처음 소개한 이론이다. 비록 헤겔 자신은 '정반합'이라는 용어를 사용한 적이 없지만, 이후 세대들이 그의 변증법을 도식화해 정반합이라고 이름 붙였다.

정반합 이론의 골자는 줄곧 유지돼 오던 상태인 '정正'이 그것을 부정하며 새로운 상태를 제시하는 '반反'과의 모순과

대립을 승화해서 '합合'으로 진보하게 된다는 것이다.

돌이켜 보면 인류 역사는 이런 정반합의 방식으로 발전해 왔다. 영국에선 영국 왕 찰스 1세를 처형하며 공화정이 시작됐다가 불과 11년 만에 왕정복고가 일어났고, 이후 정치적인 양극단을 오가며 시행착오를 거듭한 끝에 비로소 지금의 입헌군주제를 확립하게 됐다. 우리 역사에서도 비슷한 사례를 찾을 수 있다. 남인과 서인, 노론과 소론으로 분열돼 엎치락뒤치락하던 정쟁이 영조의 탕평책 이후 균형을 찾아간 것처럼 말이다.

역사의 예시를 들긴 했지만, 정반합의 원리가 굵직굵직한 역사적 사건이나 이념에만 국한되는 건 아니다. 유심히 살펴보면 우리 사회 트렌드, 마케팅 등 사회 전반에 걸쳐 정반합 이론이 적용되는 것을 확인할 수 있다.

2019년 프랑스에서 출시돼 세계적인 인기를 끌고 있는 소셜미디어 플랫폼 '비 리얼Be Real'은 기존 소셜미디어에 대한 반작용으로 탄생했다. 필터와 보정 같은 후작업을 거친 사진들을 게시해 이용자들이 자신을 과시하는 페이스북, 인스타그램과 달리 비 리얼은 사용자들이 아예 사진을 가공할 수 없도록 만들었다. 하루에 한 번씩 비 리얼에서 무작위로 알림을 보낼 때마다 이용자들은 2분 안에 즉석 촬영한 사진을 게시해야 하기 때문이다. 제한 시간 내 사진을 올려야 하고 필터 같은 기능은 아예 사용할 수 없으니 있는 그대로의 모습을 보여줄 수밖에 없다.

'이런 게 과연 대중적으로 인기가 있을까' 생각할 수도 있겠지만, 2023년 10월 NHK는 비 리얼이 일본 애플리케이션 상점 내 소셜미디어 다운로드 순위에서 1위를 차지했다고 보도했다. 일본 여론조사 업체 서클앱이 같은 기간 실시한 조사에 따르면, 일본 대학생 중 절반에 가까운 49%가 이 앱을 사용하고 있다고 한다. 보여 주기식 문화$_{正}$에 싫증을 느낀 이들이 'Be Real'이라는 이름 그대로 가감없이 자신을 노출시키는 소셜 미디어$_{反}$로 눈길을 돌리면서 일어나게 된 현상이다.

하이브 산하 레이블인 어도어의 총괄 프로듀서를 맡고 있는 민희진 대표 역시 한 방송 프로그램에서 자신이 디렉팅 했던 여성 아이돌 그룹들의 탄생 배경을 정반합 논리로 설명한 적 있다. 기존 걸그룹들$_{正}$은 완벽하고 정형화된 느낌이었다. 그래서 민희진 대표는 소녀시대를 대중들에게 선보일 때 화장기를 빼고 친근하면서 담백한 이미지$_{反}$를 내세웠다. 이후 소녀시대가 자리 잡자, 이번엔 이와 상반되게 독특한 가사와 강한 멜로디, 멤버 각자의 개성이 뚜렷한 이미지$_{反}$의 f(x)를 등장시켰다.

이후 데뷔한 레드벨벳은 소녀시대와 f(x)의 합合으로 볼 수 있다. 이름부터 강렬한 컬러 '레드', 여성스럽고 부드러운 느낌의 '벨벳'이라는 상반된 조합으로 명명된 레드벨벳은 f(x)와 소녀시대의 장점을 섞어 f(x)보다 친근하면서 소녀시대보다는 완벽한 이미지合를 지향했고, 결과는 대성공이었다.

이처럼 정반합의 원리는 시시각각 바뀌는 대중의 소비심리와 유행을 예측하는 중요한 이정표가 될 수 있다. 구매자의 욕구와 트렌드 변화에 항상 눈과 귀를 열어 놓아야 하는 기업이 정반합의 개념을 염두에 둬야 하는 이유가 바로 이 때문이다.

나는 조선일보 '위클리비즈Weekly Biz' 팀에서 글로벌 기업 CEO와 세계적인 경영 전문가들을 대면 인터뷰 했었다. 그때 당시 품었던 의문은 '오늘날처럼 경쟁이 극심하고 하루가 다르게 변화하는 비즈니스 환경에서 오랫동안 살아남아 최고가 된 기업의 비결은 무엇일까'였다. 그런데 성공하는 기업들을 1년 넘게 보다 보니 그들을 묶는 공통분모가 서서히 보이기 시작했다.

그 공통분모는 크게 셋으로 나눌 수 있었다. 첫째, 기본을 지키며 성실하고 우직하게 교과서적인 길을 걷는 기업. 둘째, 끊임없이 혁신을 꾀하며 기존의 틀에서 벗어나 아무도 가지 않은 길을 용감하게 걸어가는 기업. 그리고 셋째, 그 두 가지를 병행하기 위해 노력하는 기업. 나는 이 셋을 각각 '정반합'이라고 이름 붙였다.

하지만 헤겔의 정반합 이론과는 달리, 나는 개인적으로 합으로 분류한 기업들이 정이나 반으로 분류한 기업보다 탁월하다고 생각하지는 않는다. 정에서 반으로, 그리고 다시 합으로 나아가는 정반합의 이론을 설명하기 위해 이렇게 분류했을 뿐이다.

책에서 소개한 기업들의 모습과 경영철학은 각각 다르지만, 이들은 모두 자신이 믿는 가치와 본질을 지키며 앞으로 나아가고 있었다. 흔들리는 진자가 서로 다른 양방향으로 흔들리면서 균형을 찾는 것처럼 앞으로도 정의 가치를 믿는 기업, 반의 가치를 믿는 기업, 그리고 합의 가치를 믿는 기업은 서로 경쟁하면서 보다 발전한 기업의 모습, 나아가 더욱 성숙한 사회를 지향할 것이다.

다만 이러한 과정이 과거와는 비교할 수 없을 만큼 빠른 속도로 진행되고 있다. 때문에 수시로 변화하는 시대적 조류에 맞서 기업을 이끌고 가야 할 경영자들은 방향키를 잃어버리기가 십상이다. 경영자뿐 아니라 혼돈의 '불확실성의 시대'를 살아가는 사람들 모두 어쩌면 이런 막연한 불안감을 공유하고 있을 것이다.

이런 상황 속에서 '철저한 기본기', '패기 있는 역발상', '공존과 통합'이라는 세 가지 키워드로 대변할 수 있는 정반합 기업들이 주는 인사이트가 우리 사회의 현재와 다가올 미래를 읽는 이정표가 될 수 있으리라 생각한다.

불황과 불확실성의 시대를 헤쳐 나가고 있는 많은 이들에게 이 책에 등장하는 사례들이 부족하지만 작은 도움이 되었으면 하는 바람이다.

오윤희

• 차례 ◦

## PART 2 · 반

# 기존의 가치를 뛰어넘어 성공한 혁신가들, 남다른 전략을 구사하라

### 혁신으로 시작한 기업, 혁신으로 부활하다
## 정체성과 변화의 조화를 꾀하는 발렌시아가



### 세상을 남과 다르게 보는 시선
## 내 경쟁자는 바로 나, 포켓몬스터



## ·INSIGHT STORY·

## PART 3·합

# 끊임없이 변화를 추구하고 제3의 길을 발견하라

合

# 正

[정]

PART 1

# 동서고금을 막론하고 변치 않는 성공 비결, 기본에 충실하라

검도를 배울 때 가장 먼저 익히는 것은 중단中段으로, 이는 양손으로 칼을 잡고 칼끝이 상대방의 양미간을 향하도록 하는 자세다. 중단 자세는 공격과 수비의 기본인데 중단만 완벽하게 익혀도 상대방은 쉽사리 내 방어선을 파고들지 못한다. 그뿐 아니라 상대가 치고 들어와도 공격을 재빨리 막아낼 수 있다. 중단이 무너지는 것은 전쟁에서 최전방이 무너지는 것과 마찬가지다.

검도 수련을 할 때 중단 자세부터 익히는 이유가 바로 여기에 있다. 몇 년을 수련하든 언제나 기본은 중단 자세다. '전설의 검객'으로 불리는 미야모토 무사시宮本武裝도 기본 중의 기본인 이 자세를 헤아릴 수 없을 만큼 반복했을 것이다.

이 자세는 매우 간단해 보이지만 칼을 잡는 위치, 방향, 힘 배분 등 모든 면에서 흠잡을 데 없는 자세를 갖추려면 만만치 않은 내공이 필요하다. 따라서 설령 유단자일지라도 매번 기본기를 갈고닦으며 조금씩 '완벽'을 향해 나아가야 한다.

이런 기본 자세가 검도에서만 중요하겠는가. 삶의 모든 부분에서 기본은 언제나 중요하며 그것은 성장과 발전의 밑바탕이기도 하다. 기본기 없는 학생이 고난도 문제를 풀지 못하듯, 기본기 없는 기업은 시대의 빠른 변화와 발전에 제대로 대응하지 못한다. 그래서 진짜 실력 있는 사람이나 기업은 기본부터 제대로 해내기 위해 애를 쓴다. 기본이 무너지면 모든 게 무너진다는 사실을 잘 알기 때문이다.

그럼 초점을 비즈니스에 두고 생각해 보자. 비즈니스 세계의 기본은 무엇일까? 그것은 속임수를 쓰지 않고 정직하게 제값을 하는 물건을 만드는 일, 품질 및 기능 면에서 경쟁사보다 더 탁월한 제품을 생산하기 위해 노력하는 일, 고객이 무엇을 원하는지 고민하고 그것을 해결하기 위해 고심하는 일일 것이다.

김빠지게 빤한 얘기를 뭐하러 하느냐고? 너무 익숙해서 말해봐야 입만 아프다는 핀잔을 듣는 진리도 곰곰이 되새기면 그게 왜 진리인지 새삼 깨닫게 된다. 그처럼 평범하고 누구나 당연히 해야 하지만 오래 지속하기 어려운 것이 바로 기본이다. 성공의 밑바탕인 이 기본의 힘을 나는 '정正'이라 칭한다.

PART 1에서는 하루하루가 살얼음판처럼 조심스러운 비즈니스 세계에서 기본을 지키며 꿋꿋하게 앞으로 나아가는 기업들을 소개한다. 이들은 고객에게 좀 더 질 좋은 제품, 좀 더 진정성 있는 제품, 좀 더 만족도가 높은 제품을 제공하기 위해 모든 노력을 아끼지 않고 있다.

아무리 비즈니스 환경이 바뀌고 업계에 많은 편법이 나돌지라도 꿋꿋하게 '정'을 지키는 기업은 오랫동안 경쟁력을 유지하며 살아남았고, 그건 앞으로도 마찬가지일 것이다. 이제 그 기업들이 어떻게 자신만의 기본을 지키고 실천해 왔는지 살펴보자.

개성 넘치는 스토리와 작화로 블루오션 시장을 장악하다

# 한국적 만화로 승부수 던진 K웹툰

## 만화 종주국을 이긴 한국 웹툰의 저력

"일본 망가(만화를 일컫는 일본어)가 한국의 웹툰 때문에 빛을 잃고 있다.Japanese manga are being eclipsed by Korean webtoons." 2022년 12월 영국 《이코노미스트》는 한국과 일본의 만화 산업을 비교하며 이런 표현을 썼다.

과장 섞인 표현이라 생각할 수도 있지만, 객관적 수치가 기사에 힘을 실어준다. 지난 2021년 일본의 종이 만화 출판 시장 규모는 2650억 엔으로 전년 대비 약 2.3% 줄었다. 반면, 시장 조사 기관 '스페리컬 인사이트 앤드 컨설팅' 보고

서에 따르면, 사실상 한국이 주도하고 있는 글로벌 웹툰 시장 규모는 2021년 이미 47억 달러를 넘어섰고, 2030년까지 601억 달러로 연평균 40.8%씩 성장할 것으로 예측된다.

최근 한국 웹툰의 인기는 '망가의 종주국'인 일본에서 더욱 빛을 발하고 있다. 네이버웹툰의 일본 내 디지털 만화 플랫폼인 '라인망가'와 '이북 재팬'의 2023년 합계 거래액은 1000억 엔을 돌파하며 사상 최대치를 기록했다. 카카오웹툰의 콘텐츠 자회사 카카오픽코마가 운영하는 일본의 디지털 만화 플랫폼 '픽코마' 역시 2023년에 거래액 1000억 엔(약 9024억 원)을 돌파해 역대 최대치를 기록한 데 이어, 픽코마는 일본 애플리케이션 마켓 전체 카테고리에서 소비자 지출이 가장 많은 앱 1위에 오르는 성과를 거두기도 했다.

어린 시절 부모님 몰래 암암리에 유통되던 일본 만화를 보고 자란 기성세대라면 일본 시장에서 한국 웹툰이 이룬 성취에 격세지감을 느끼지 않을 수 없을 것이다. 그렇다면 세계적 문화 콘텐츠인 일본 망가의 아성에 도전하는 K웹툰의 저력은 과연 어디에서 비롯됐을까. 나는 한국이라는 특수한 시장에서 탄생한 웹툰이라는 문화 플랫폼을 흔들림 없이 꿋꿋하게, 하지만 시대 변화에 맞춰 계속 발전시켜 왔다는 데서 성장 비결을 찾을 수 있다고 생각한다.

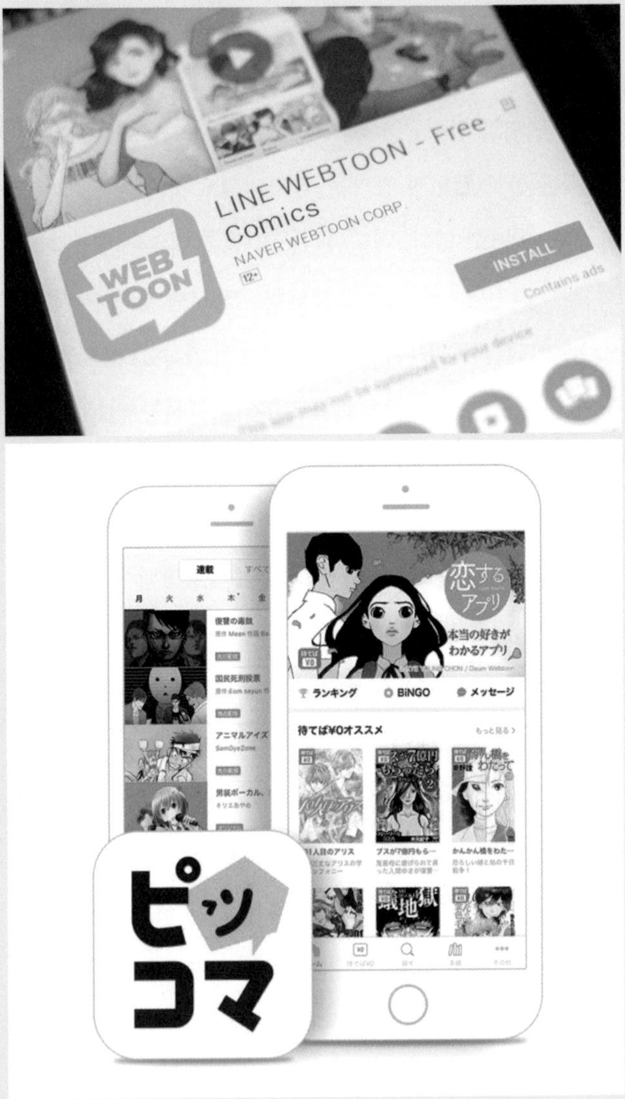
LINE WEBTOON - Free Comics
NAVER WEBTOON CORP.
12+
INSTALL
Contains ads
WEB TOON
連載
月 火 水 木 金
恋するアプリ
本当の好きがわかるアプリ
ランキング
BiNGO
メッセージ
待てば¥0オススメ
もっと見る
ピッコマ

라인망가와 픽코마

## 가장 한국적인 것이 가장 세계적인 것이다

온라인을 뜻하는 웹Web과 만화cartoon에서 이름을 따온 웹툰Webtoon은 한국에서 탄생한 고유한 문화 장르다. 한국을 제외한 다른 곳에선 '웹툰'이란 단어가 아예 존재하지 않았던 시절부터 국내 웹툰 업계는 그 잠재력을 알아보고 꾸준히 시장을 성장시켜 왔다. 그런 의미에서 세계 시장을 압도하고 있는 웹툰의 성장세는 "가장 한국적인 것이 가장 세계적인 것"이라는 봉준호 감독의 말처럼 가장 한국적인 것을 가장 한국적인 방식으로 지켜 온 결과물이라고 할 수 있다.

웹툰이라는 말이 처음 등장한 것은 PC통신이 한창 유행하던 2000년이다. 지금은 사라진 PC통신사 천리안이 자체 웹툰 포탈을 선보이면서 웹툰의 존재가 처음으로 대중들에게 소개됐다. 이때만 해도 소수 이용자들의 관심거리에 그쳤던 웹툰은 네이버가 웹툰 서비스를 론칭한 2005년을 기점으로 본격적인 태동기를 맞이했고, 어느 순간부터 전통 만화가 갖던 위상을 대체하기 시작했다.

웹툰 「미생」으로 유명한 윤태호 작가는 2023년 11월 '라이선싱 콘 2023' 행사장에서 만화와 웹툰의 차이를 이렇게 설명했다.

"만화를 그릴 당시는 연재할 곳도 한정적이고 독자와 직접 만날 기회가 적었습니다. 이 때문에 작품을 연재하면서도 (피드백이) 독자의 시선인지 편집자의 의도인지 고민이 많았어요. 하지만 웹툰에서는 댓글 등으로 독자의 반응을 즉각 확인할 수 있어서 조금 더 대중적이고 친숙한 소재로 다양한 작품을 연재할 수 있었습니다."

윤 작가는 실시간 독자의 반응을 확인해 반영할 수 있다는 점 외에도 진입 장벽이 낮다는 점 역시 만화와 차별화되는 웹툰의 강점으로 꼽았다.

"제 경우는 허영만 선생님 밑에서 약 7년간의 문하생 생활을 거쳐 등단했어요. 당시만 해도 만화가는 일정 수준의 그림 실력에 도달해야 한다는 직업의식이 강했으니까요. 반면 웹툰은 다양한 독자들이 비교적 손쉽게 창작자 영역으로 넘어와 자신만의 개성이 담긴 그림체와 스토리로 관심을 끌기도 합니다."

이렇게 상대적으로 낮은 진입 장벽 때문에 웹툰 작가들

의 그림에 대해 일각에선 '전문적인 훈련을 못 받았다', '그림 실력이 떨어진다'는 비판이 나오기도 하지만, 대신 장벽이 비교적 낮은 만큼 많은 이들이 적극적으로 작품을 올려 다채롭고 창의적인 아이디어가 모인다는 건 커다란 장점으로 작용했다.

실제로 한국 웹툰의 가장 강력한 무기로 스토리를 꼽는 이들이 많다. 황현수 카카오엔터테인먼트 스토리 사업부문 대표(현 스토리 IP 부문장)는 인터뷰에서 이렇게 말했다.

> "세계적으로 큰 인기를 끄는 K드라마처럼 K웹툰도 플랫폼이나 작가의 스타일을 떠나서 스토리 자체가 매력적이다. K웹툰이 가진 스토리의 힘이 국가와 장르를 넘어 인기 있다는 걸 보여 준다."

차하나 네이버웹툰 유라시아 총괄 리더(2023년 1월 인터뷰 당시)도 "오랫동안 외세의 침략을 받고 또 물리쳐 온 역사를 가진 한국엔 뛰어난 스토리 텔러들이 많다."면서 "그것이 웹툰의 글로벌 성장을 견인했다."고 지적한 바 있다.

웹툰이 단기간에 국경을 넘어 세계 여러 국가에 진출할 수 있었던 또 다른 비결은 모바일을 비롯한 디지털 시대에 최적화된 편리함이다. 2022년 7월 《뉴욕타임스》는 “(위에서 아래로 훑어내리는) 세로 스크롤 읽기 방식이 'K웹툰 모바일 읽기'에 익숙한 젊은 세대를 새로운 독자로 끌어당기고 있다.”고 분석했다. 네이버웹툰과 카카오엔터테인먼트의 정보기술IT 개발자들은 화면 속에 고정된 캐릭터에 5초 정도의 짧은 움직임을 넣거나 음향 효과 혹은 대사를 넣어 단편 애니메이션을 보는 것 같은 효과를 주기도 한다.

반면 종이책 문화가 강한 일본에서도 《주간소년》, 《점프》 등 전통적인 만화 출판 강자들이 뒤늦게 온라인 앱을 출시했지만, 오른쪽에서 왼쪽으로 읽은 뒤 아랫줄로 이동하는 전통적인 읽기 방식을 채택하고 있다. 일본에서 만화 스튜디오를 운영하는 이와모토 케이타는 《이코노미스트》를 통해 “(이러한) 만화를 읽을 줄 아는 유일한 사람은 일본인과 한국인 그리고 전 세계 괴짜들뿐이다.”라고 했다.

물론 일본 망가의 영향력은 지금까지도 어마어마하다. 장인 정신에 입각해 그린 망가의 완성도는 아직도 세계에서 독보적인 수준이다. 긴 연재 스토리를 따라가며 독자들이 주인공 캐릭터의 성장을 지켜볼 수 있다는 점 역시 글로벌 팬들이 망가를 지지하는 이유 중 하나다.

하지만 웹툰 제작사 레드세븐(구 엘세븐)의 이현석 대표는 이런 일본 망가의 특징이 누구나 반드시 따라야 하는 불문율은 아니라는 점을 강조했다. 한 언론 인터뷰에서 이 대표는 "스마트폰 세대 독자들은 주인공의 '성장'을 중요시하지 않는다. 대신 대사도 적고 속도감 있는 '사이다' 전개를 원하는데, 이는 한국 웹소설이나 웹툰의 특징"이라고 했다. 웹툰 제작사 투유드림의 유택근 대표 역시 이렇게 말했다.

> "웹툰은 빨라요. 망가는 속도 측면에서 빠르지 않지만, 웹툰은 엄청나게 기민합니다. 빠를뿐더러 트렌드에 민감해요. 이 모든 게 모바일 시대에 최적화돼 있습니다."

한국 웹툰은 만화로는 세계 최고라는 일본의 방식을 따라가지 않았다. 대신 자신의 강점과 약점을 정확히 인식하고 약점 대신 강점으로 승부수를 던졌다. 자신의 정체성을 명확하게 인식해 그걸 살리는 길을 걸어옴으로써 웹툰은 약 20년이라는 짧은 시간 동안 한국을 대표하는 새로운 문화 콘텐츠로 거듭날 수 있었다.

## 차근차근 초기 유저부터 만족시켜라

프랑스 현지 웹툰 플랫폼 웹툰 팩토리의 에디터 스테판 페랑Stéphane Ferrand은 2022년 7월 《르몽드》와의 인터뷰에서 "웹툰이 넷플릭스, 유튜브, 아마존 등 새로운 소비 문화에 길들여진 독자들의 기대에 부응하는 새로운 출판 문화를 제시하고 있다."고 했다. 여러 작품이 영화로 만들어져 세계적으로 흥행한 미국 마블코믹스도 종이 만화 출판에 주력하고 있을 때 기존에 없던 새로운 시장인 블루오션을 찾아낸 것이다.

'블루오션 전략'이란 말을 만들어 낸 프랑스 경영전문대학원 인시아드INSEAD의 김위찬 교수와 르네 모본Renée Mauborgne 교수 팀은 2022년 12월 네이버웹툰 성공 사례를 분석해 「웹툰 엔터테인먼트는 어떻게 만화 시장을 변화시켰나」라는 제목의 연구 사례집을 발간했다. 이 사례집은 인시아드 전략 경영 과목 등에서 교재로 채택될 예정이다.

김 교수 팀은 "만화를 보지 않던 이용자까지 독자로 유입시키며 시장을 개척했고, 이용자와 창작자가 콘텐츠를 함께 만들어 나가는 디지털 미디어로서는 전례 없는 고객 가치를 창출한 사례"라면서 "K웹툰이 넥스트 마블이 되기에 충분하다."고 했다.

이렇듯 지금 세계 시장에서 성공적인 블루오션 사례로 칭송받는 한국 웹툰이지만, 진출 초기엔 어려움이 많았다. "웹툰? 그게 대체 뭐야?" 하는 반응이 돌아오는 경우가 다반사였다. 특히 만화 강국인 일본에서 웹툰이 이렇게까지 성공하리라는 걸 기대하는 사람들은 손에 꼽을 정도였다.

하지만 한국 웹툰을 세계에 알린 국내 업체들은 이런 반응에 굴하지 않았다. 황현수 대표는 해외 사업 진출 초기 경험에 대해, "결국 초기 유저들을 만족시키면 거기서부터 (시장이) 시작이 되는 것 같다."고 했다.

> "일본에서 K웹툰을 처음 선보였을 때는 위에서 아래로 스크롤 하는 방식을 알리기 위해 얼리 어댑터들을 먼저 공략했고, 그들에게서 좋은 반응을 얻었어요. 그게 소셜미디어(SNS)를 통해 입소문이 나서 한번 픽코마를 방문한 유저들이 재방문하는 확률이 높아졌죠. 그때 '일단 한번 들어오면 리텐션(유지)이 되는구나' 하는 생각에 가열차게 마케팅을 했고, 광고와 퍼포먼스 마케팅도 하는 등 다양한 기법으로 방문자 수 자체를 크게 늘렸어요."

한번 방문자 숫자가 증가한 이후엔 다시 그 유저들의 리텐션(유지)이 이뤄져서 일본 시장 1위를 차지할 수 있었다.

기존에 없는 시장을, 그것도 해외에서 개척하고자 하니 밑바닥에서부터 발품을 팔아야 할 때도 많았다. 차하나 리더는 해외 진출 초창기를 "정말 많이 힘들었다."고 회고했다.

> "해외 시장에서 웹툰 독자를 발굴할 때는 그 국가 독자층을 이해하려고 많이 노력했어요. 만화가게나 책방에서 사람들이 책을 구매하는 패턴을 관찰하기도 하고, 대학교 카페 같은 곳을 찾아가 학생들이 어떤 웹사이트를 즐겨보는지 물어보기도 하고. 또 초기에는 우리 직원들이 직접 유튜브나 인스타그램 같은 소셜미디어(SNS)에 등장해 인플루언서로 활동하면서 작품의 매력을 알려주기 위해 다양한 시도를 했었어요. 직원들이 정말 웹툰에 진심 어린 애정을 가졌기에 가능한 일이었던 것 같아요."

네이버는 글로벌 시장 개척 초기에 창작자 트랙과 독자 트랙, 두 가지로 나눠서 진행했다. 사실 당시엔 웹툰이라는 카테고리도 형성돼 있지 않았고, 만화 시장도 많이 침체된 상태였는데 창작자들을 발굴하는 과정에서 수많은 크리에이터를 일대일로 만나 설득하기도 하고, 로드쇼나 설명회를 통해 웹툰에 대한 가치를 이해시키고 웹툰 제작 노하우를 전파하기 위해 트레이닝 세션을 진행하는 등 만화 업계 바닥까지 훑으며 고군분투했다.

웹툰의 잠재력을 믿고 달려든 그런 노력은 결국엔 보상으로 돌아왔다. 단순히 국내 유명 웹툰을 해외에 소개하는 것을 넘어 세계 각국에서 웹툰에 관심이 있는 작가들이 나오기 시작했고, 그들의 등장으로 한국이 태동을 알린 웹툰 생태계가 전 세계로까지 영역을 넓힐 수 있게 됐기 때문이다.

사실 웹툰의 급속한 성장엔 운도 다소 작용했다. 지난 몇 년간 「오징어게임」 등 한국 드라마가 세계적으로 흥행하면서 여러 드라마의 원작인 웹툰에도 세계의 관심이 쏠렸기 때문이다. 결과적으로 한국 드라마의 인기와 함께 웹툰의 인기도 동반 상승했다. 「이태원 클라쓰」는 일본에서 드라마 「롯폰기 클라쓰」로 리메이크됐고, 「바른연애 길잡이」도 2023년 1월 일본 지상파 채널 드라마로 소개됐다. 하지만 자체적인 저력과 다년간에 걸친 노력이 없었더라면 아무리 한국 드라마가 각지에서 인기를 끌었다 하더라도 웹툰의 인기까지 견인하기엔 힘들었을 것이다.

잠재력을 믿고 불모지에 뛰어들어 차근차근 업종을 성장시켜 온 한국 웹툰이 이를 증명한다. 탄탄한 내공으로 일찍부터 해외 시장에 도전장을 내고 오랫동안 자신의 존재를 증명하려 애쓴 한국 웹툰은 마침내 한류를 순풍 삼아 활짝 돛을 펼칠 수 있었다.

나만의 경쟁력을 갖추고 꾸준히 자신의 길을 걸어온 K웹툰은 그런 의미에서 정正을 지향한 성공 사례라 할 수 있겠다.

드라마 혹은 애니메이션으로 만들어진 웹툰들 © 네이버웹툰

단 한 명의 고객을 위해 움직인다

# 고객 맞춤형 치료제를 만드는 희귀병 치료제 회사, 젠자임

## 치료제가 없는 희귀질환자의 마지막 희망

미국에 사는 세 살짜리 아이, 브라이언 버먼의 몸에서 이상 증세가 나타난 것은 1983년의 일이다. 어느 날부터 브라이언의 배가 농구공처럼 부풀어 오르더니 83센티미터의 자그마한 키에 어울리지 않게 허리둘레가 무려 63센티미터까지 커졌다. 날이 갈수록 팔다리가 달린 양배추 모양으로 변해간 아이는 계속 아프다며 비명에 가까운 신음 소리를 냈다. 속이 타 들어간 어머니는 아들과 함께 이 병원, 저 병원을 전전했고 마침내 국립보건원에서 고세병Gaucher's disease(또는 고셔병)이라는 진단을 받았다.

고셰병은 동유럽 유대인에게 주로 나타나는 희귀질환으로 미국 내에 약 2500명, 한국에는 30명 정도밖에 없는 희귀 유전질환이다. 체내에 글루코세레브로시다제glucocerebrosidase라는 효소가 부족해서 생기는 이 질환의 발병 확률은 몇천 분의 1이 안 될 정도로 지극히 낮지만, 일단 발병하면 치료제가 없어서 큰 고통에 시달려야 한다.

고셰병 환자의 몸에서는 낡은 세포가 배출되지 못한 채 간, 비장, 골수 등에 차곡차곡 쌓인다. 이런 탓에 병이 진행될수록 환자는 운동 능력을 잃어버리고 신경이 과도하게 예민해지며 간과 비장이 부풀어 올라 결국 죽음에 이르고 만다.

치료제도 없고 뾰족한 치료 방법도 찾지 못한 의료진은 일단 부풀어 오른 브라이언의 비장을 제거하자고 제안했다. 하지만 내과 의사인 브라이언의 어머니 로빈은 지푸라기라도 잡는 심정으로 다른 방법을 찾아다녔다. 그녀가 마지막으로 문을 두드린 곳은 바로 보스턴에 있는 생명공학 벤처 회사 젠자임Genzyme이었다.

## 생명을 살리려는 헌신

작은 회사 젠자임은 1981년 보스턴 차이나타운에 있는 낡은 건물의 15층에 처음 문을 열었다. 그곳은 이른바 전쟁터Combat Zone라 불리는 열악한 지역으로 젠자임의 사무실로 가려면 늘어선 잡상인과 실험용 닭을 넣은 우리를 비집고 들어가야만 했다.

주로 실험용 단백질 효소를 만들던 젠자임은 특정 효소 부족으로 고셰병이 발병한다는 사실을 알고 있었다. 그 지식을 기초로 그들은 태반에서 효소를 추출해 시험 삼아 브라이언에게 주입했다. 그러자 부풀어 오른 브라이언의 배가 조금씩 가라앉기 시작했다. 이 일은 브라이언의 운명을 180도 바꾸는 동시에 젠자임이라는 회사의 운명까지 송두리째 바꿔 놓았다. 이전까지 실험 효소를 취급하던 젠자임이 브라이언을 만난 이후 고셰병 치료제 개발로 사업의 초점을 바꾼 것이다.

주변에서는 신기루를 잡는 일과 마찬가지라며 치료제 개발을 포기하라고 권했지만, 당시 젠자임의 CEO 헨리 터미어Henri Termeer는 포기하지 않았다. 그는 사람들이 말릴 때마다 이렇게 응답했다.

"하지만 나는 그 아이의 (끔찍한) 모습을 봤다니까요!"

수많은 시행착오를 거친 뒤 그는 유수의 생명공학 벤처 기업이 탄생하는 데 도움을 준 하버드 대학의 화학자 조지 화이트 사이즈George White sides를 찾아갔고 이후 개발은 활기를 띠기 시작했다.

브라이언의 어머니도 직장을 그만두고 치료제 개발과 모금 운동에 앞장섰다. 마침내 1991년 젠자임이 개발한 첫 번째 고셰병 치료제 세레데이즈Ceredase가 미국 보건 당국의 정식 승인을 얻으면서 고셰병 치료의 서막이 열렸다.

이를 계기로 젠자임은 제약 업계에서 극소수 희귀병을 일컫는 고아병orphan disease 치료제 개발을 전담하는 회사로 거듭났다. 고아병이란 다른 일반 질병과 아무런 연관성 없이 혼자 뚝 떨어져 있어 치료법을 찾기가 힘들다는 의미에서 붙여진 이름이다.

젠자임은 수요자들의 간절한 필요를 바탕으로 사업을 영위했지만 한정된 고객을 대상으로 한 사업 구조를 지속하기란 그리 쉬운 일이 아니었다. 약을 하나 개발하는 데는 오랜 시간과 막대한 노력이 들어간다. 더구나 아직까지 이렇다 할 치료법이 밝혀지지 않았고, 약을 시험해 볼 표본 집단 수

조차 적을 경우 개발 여정은 더욱 험난할 수밖에 없다. 이 때문에 거대 제약회사조차 대규모 시장을 겨냥한 약품 제조를 주요 사업으로 삼고, 희귀병 치료제 개발은 사내에 하나의 부서 형태로 놔두는 게 일반적이다.

하지만 젠자임은 희귀병 치료제 개발이라는 본래의 사업 목적 외에 다른 곳으로 눈을 돌리지 않았고, 다행히 치열한 비즈니스 세계에서 꾸준히 성장을 거듭했다. 오히려 젠자임의 성공 사례를 보고 희귀병 치료제 개발 사업의 중요성을 깨달은 글로벌 거대 제약회사들이 희귀병 치료제 개발에 뛰어들 정도였다.

2011년 프랑스에 본사를 둔 글로벌 5위 제약회사 사노피 S.A.Sanofi S.A.는 젠자임을 인수했다. 당시 연매출이 50억 달러에 이르던 젠자임은 인수된 후에도 모기업의 간섭을 일절 받지 않고 희귀병 치료제 개발이라는 본래의 사업에만 주력하고 있다. 열악한 환경에도 불구하고 젠자임이 살아남은 이유는 대체 어디에 있을까.

## 행동으로 보여 주는 고객 중심주의

젠자임 CEO 데이비드 미커David Meeker(현 리듬 파마수티컬Rhythm Pharmaceuticals 회장)는 "우리 비즈니스의 핵심은 사람들의 목숨을 살리는 것 혹은 그들의 삶에 획기적인 변화를 가져다주는 것"이라며 다른 기업과 차별화되는 젠자임의 핵심 포인트로 '진정한 고객 중심주의'를 꼽았다. 사실 젠자임은 태생부터가 고객 중심으로 사업을 영위할 수밖에 없는 구조다. 제품(치료제 개발)을 만들려면 임상 치료 등 고객(희귀병 환자)의 참여가 절대적으로 필요하기 때문이다. 이를 위해서는 고객과 밀접한 유대 관계를 맺고 그들의 신뢰를 얻는 것이 필수적이다.

"희귀병 환자도 일반인과 전혀 다를 바 없다."고 말하는 CEO 미커는 회사의 모든 직원에게 환자들의 고충과 병력에 얽힌 이야기에 귀를 기울이라고 강조한다. 그래야 환자가 겪는 문제를 정확히 파악하고 직원들 스스로도 절실하게 동기를 부여받을 수 있다고 여기는 까닭이다. 다른 한편으로 그는 환자에게 모든 정보를 공개한다.

"우리가 지금 어떤 약을 개발한다고 가정해 봅시다.

그러면 그 약이 어느 단계까지 왔고 어떤 과제를 앞두고 있는지 환자들에게 모두 알려줍니다. 새로운 정보가 나오면 그것도 환자들에게 제공하지요."

젠자임에서 폼페병 치료제를 개발할 때의 일이다. 폼페병은 아기들에게 많이 나타나는데 환자가 대개 1년 이내에 사망할 정도로 치명적인 질환이다. 젠자임은 치료제 개발을 위해 전 세계에서 폼페병 증세를 보이는 생후 6개월 미만의 아기 열여섯 명을 모았다. CEO 미커는 그때의 상황을 다음과 같이 들려주었다.

"그건 대단히 어렵고 힘든 일이었어요. 희귀병 환자를 찾아내는 것부터가 매우 어렵습니다. 환우회와 각종 희귀병 사이트를 훑어보고 공고를 내기도 해서 사례를 발굴했지요. 생후 6개월밖에 안 된 아기들이다 보니 보호자까지 함께 이동해야 했습니다. 더구나 개발하고 있는 약이 효과가 있는지 확인하려면 몇 개월 이상의 시간이 필요합니다. 아기들을 6개월간 임상실험에 참여시켜 2주에 한 번씩 실험제를 투여했습니다. 이 모든 과정은 무료로 진행되었지요. 사실 이런 실험은 만만치 않은 투자입니다. 젠자임의 강력한 의지, 환자와 회사 사이의 파트너십이 없었다면 아마 신약 개발은 포기해야 했을 겁니다."

젠자임의 기업 전경 © Genzyme Corporation

500
Kendall Street
genzyme

## 이윤이 전부가 아니다

인터뷰를 한 시점으로부터 약 7년 전 젠자임은 의약품 생산 시설이 바이러스에 노출되는 사고를 겪었다. 당시 제품 생산에 차질이 빚어지자 젠자임은 의약품을 기다리고 있을 희귀병 환자들을 위해 경쟁사의 치료제를 사서 공급해 주기도 했다. 젠자임이 단순히 이윤만을 목적으로 하는 회사였다면 이러한 결정을 내리기 어려웠을 것이다.

2010년 칠레에서 대지진이 일어났을 때, 사고가 발생한 산티아고 지역에는 젠자임의 치료제를 사용하는 환자가 40명쯤 살고 있었다. 의약품이 그들에게 어떤 의미인지 잘 아는 젠자임의 직원들은 음식이나 물 같은 생필품 외에도 희귀병 약과 아이들을 위한 장난감, 기저귀 등을 챙겨 피해 지역에 사는 환자 한 명, 한 명을 찾아 나섰다. 산티아고에서 4000킬로미터가량 떨어진 콘셉시온 지역으로 대피한 환자들을 위해 그곳까지 찾아가 생필품을 나눠주기도 했다. 이들이 약 2주간 벌인 활동 덕분에 대지진이라는 끔찍한 재앙을 겪은 환자들도 별다른 어려움 없이 약품을 공급받을 수 있었다.

현재 의료계는 치료제를 개발하지 못한 희귀병을 약

7000가지로 꼽는다. 하지만 모든 희귀병 치료제를 동시에 개발할 수는 없다. 젠자임에도 그 나름대로 치료제 개발 분야를 선정하는 기준이 있다. 이와 관련해 CEO 미커는 이렇게 말했다.

> "우리의 기준은 '해당 질병을 치료하기 위한 과학적 접근법이 있느냐'는 것입니다. 많은 회사가 병을 앓는 희귀병 환자가 얼마나 많은가를 조사한 후 분야를 선정합니다. 반면 우리는 '병을 치료할 과학적 수단이 존재하는가'를 먼저 고려한 다음 그것이 가능하다는 결론이 나면 개발에 착수합니다. 비즈니스는 당연히 뒤따라올 거라고 생각하지요. 이것이 젠자임을 움직이는 핵심 열쇠입니다."

고객을 보고 움직이는 것과 해결 가능성을 보고 움직여 시장을 창출하는 것에는 그 자세뿐 아니라 결과에도 엄청난 차이가 있다. 단순히 시장을 보고 움직이는 기업과 해야 할 일 혹은 사명감을 갖고 움직이는 기업의 결과가 같을 수 없다. 동기를 부여하면 직원들이 사명감과 확고한 신념 아래 움직이기 때문이다. 물론 그 방향성 선택은 경영자의 몫이다. 그러한 방향성이 시대가 흘러도 기업이 무너지지 않고 우직하게 앞으로 나아가는 힘을 만들어 낸다.

젠자임이 나아가는 방향을 명확히 보여 주는 CEO 미커의 말은 왜 이 회사가 오랜 기간 흔들리지 않고 전진해 왔는지 일깨워 준다.

## '나는 의미 있는 일을 한다!'

2013년 글로벌 의약 잡지 《네이처 리뷰 드럭 디스커버리Nature Review Drug Discovery》는 지난 25년간 개발된 수많은 의약품 가운데 젠자임의 고셰병 치료제 세레데이즈를 가장 혁신적인 치료제로 선정했다. 세레데이즈는 처음엔 효소를 추출하는 방식이었으나 이후 주사제로 발전했고 지금은 경구용 치료제로 개발되고 있다.

희귀병 치료제 개발이라는 사업 분야 자체도 혁신적이지만 이미 개발한 제품을 개선하기 위해 노력하는 모습은 더욱더 인상적이다. 끊임없이 혁신을 거듭하는 비결을 묻자 CEO 미커는 조용히 미소 지으며 대답했다.

"사실 비결은 없습니다. 우리는 그저 환자들이 느끼는 불편함을 찾아내기 위해 꾸준히 노력할 뿐입니다. 만성 희귀질환 환자가 평생 주사제에 의지해서 살아가는 것은 대단히 고통스런 일입니다. 삶의 만족도가 엄청나게 떨어지지요. 그래서 경구용 치료제 개발에 도전한 겁니다."

현재에 안주하지 않고 끊임없이 더 나은 미래를 생각하는 자세, 무언가 더 나은 것이 있지 않을까 하고 고민을 거듭하는 자세가 지금의 젠자임을 만들어 낸 것은 아닐까. 물론 젠자임이 해결해야 할 도전 과제는 여전히 산더미처럼 쌓여 있다. 전 세계 고셰병 환자 가운데 5~10퍼센트가 뇌에 문제가 생긴다는 연구 결과가 발표됐는데, 기존의 치료제로는 아직 그 문제를 해결하지 못한다. 젠자임은 그 해결법을 찾기 위해 계속 노력하고 있다.

젠자임이 처음 희귀병 사업을 시작할 때와 지금은 사업 환경이 많이 바뀌었고 무엇보다 경쟁자가 대거 등장했다. 하지만 젠자임은 예나 지금이나 똑같은 전략을 쓰고 있다. 그것은 바로 문제 앞에서 더 나은 해결책을 찾아내는 일이다. 환자들의 충족되지 않은 니즈needs를 찾아내고 그것을 해결하기 위해 노력하는 한편, 근본적인 문제를 해결하고자 애쓰는 것이 바로 젠자임의 혁신을 지속하는 원동력이다.

신약을 개발할 때 젠자임은 '어떤 병을 치료할 획기적인 약을 개발하겠다' 같은 원대한 목표를 세우지 않는다. 그것을 현실화하기가 굉장히 어렵다는 사실을 알기 때문이다. 대신 젠자임은 눈앞의 환자들이 필요로 하는 것을 조금이라도 개선하기 위해 노력하고 좀 더 나은 해결책을 찾아내는 데 집중한다. 다행히 그런 방법이 하나하나 모여 치료제 개발로 이어졌다. 처음 고셰병을 앓는 브라이언을 만나 아이의 부푼 배를 조금이라도 가라앉힐 방법을 찾기 위해 애쓰다가 마침내 고셰병 치료제 개발에 성공한 것처럼 말이다. CEO 미커의 말에서는 사명감이 묻어난다.

> "제 자신을 비롯해 회사 직원들은 우리가 단순히 일반적인 직장에 다닌다고 생각하지 않습니다. 정말로 중요한 일, 사회를 위해 꼭 필요하고 의미 있는 일을 하는 곳에 다닌다고 여기지요. 그런 생각이 오랜 시간 지속적으로 발전하면서 여기까지 오게 한 힘이라고 봅니다."

매년 세계희귀질환의 날이 되면 젠자임 직원들은 함께 달리기를 하며
이 날을 알리고 환우들을 응원한다. © flickr

'왜 이 일을 하는가'에 대해 스스로 답을 얻지 못하는 사람은 그 일을 오래도록 잘할 수 없다. 좋은 근무 조건, 높은 연봉이 어느 정도 성과를 보장할 수도 있지만 몇 년, 몇십 년 지속되기는 어렵다. 경영자가 50년, 100년 동안 성장하는 기업을 만들기 어려운 것도 바로 이 때문이다. 직원들이 스스로에게 끊임없이 동기부여를 할 수 있어야 기업의 지속 경영이 가능하고 그 밑바탕은 '왜 이 일을 하는지' 아는 데 있다. 경영 전문가 사이먼 사이넥Simon Sinek이 쓴 『나는 왜 이 일을 하는가Start with why』에는 공사장에서 일하는 두 명의 석공 이야기가 나온다.

> 지나가던 행인이 첫 번째 석공에게 "당신은 이 일을 좋아하나요?"라고 물었다. 첫 번째 석공은 심드렁하게 대답했다.
>
> "매일매일 똑같은 날의 연속이죠. 타는 듯한 햇볕 아래 하루 종일 일하고, 무거운 돌을 들어 올리려니 허리뼈가 휘어지는 것 같습니다. 살아 생전에 이 일이 끝날지도 모르겠어요. 하지만 먹고 살려니 어쩌겠습니까?"
>
> 두 번째 석공은 똑같은 질문을 받고 이렇게 대답했다.

"물론 힘들지요. 매일 같은 일을 반복하고 타는 듯한 햇볕 아래 하루 종일 일하느라 허리뼈가 휘는 것 같습니다. 그래도 저는 이 일이 좋아요. 지금 저는 대성당을 짓고 있거든요."

똑같은 일을 해도 어떤 생각을 하느냐에 따라 직무에 임하는 태도가 달라진다. 그 태도가 올바른 방향으로 움직일 수 있도록 만드는 것은 결국 경영자의 힘이다. '나는 꼭 필요한 일을 한다'는 젠자임의 분위기와 경영자의 방침은 직원들이 더 노력하고 헌신하도록 기반을 마련해 준다.

## 누군가는 해야 하는 일이 훌륭한 틈새시장을 만든다

오로지 이윤 추구만 최상의 가치로 여기는 기업은 젠자임의 경영 방식에 선뜻 동의하지 않을지도 모른다. 젠자임은 기업이 추구하는 최고의 가치를 매출 상승에 두지 않기 때문이다. 그렇다고 젠자임이 돈 벌기를 포기했다는 얘기는 아니다. 젠자임은 사회사업 기관이 아닌 엄연한 기업이고 당연히 회사 존립을 위해 이윤을 추구한다. 더구나 연매출이

2022년 기준 460억 달러(약 62조 원)에 이를 정도로 좋은 성과를 내고 있다.

어떻게 전 세계를 통틀어 기껏해야 수백, 수천 명의 고객만 상대하는 회사가 이처럼 성장할 수 있었을까. 이쯤 되면 많은 사람이 젠자임의 수익 구조에 의문을 던질 법하다. 그들은 대체 어떤 방식으로 수익을 올리는 것일까?

일단 젠자임의 고객 수는 그리 많지 않다. 수요가 적은 만큼 치료제가 상당히 비싸지만 환자 본인이 그 비용을 모두 부담하는 것은 아니다. 치료비 단가가 워낙 높아서 국가가 희귀병 환자들을 위해 의료 보조를 해주는 경우가 많다. 치료제 단가는 높게 책정하되 환자의 1인당 부담액은 크지 않게 조절하는 것이 젠자임 같은 기업이 비즈니스를 지속해 나가는 비결이다.

무엇보다 젠자임은 경기 불황의 영향을 받지 않는다. 2008년 글로벌 금융위기 당시 대부분의 기업이 큰 타격을 받았으나 젠자임은 경기 침체의 타격을 받지 않은 극소수 기업 중 하나였다. 아무리 경기가 나빠도 희귀병 환자들은 생존을 위해 젠자임의 제품을 사용해야만 한다. 젠자임의 CEO 미커는 미래의 가능성에 큰 무게를 두고 있다.

"전 세계에 희귀 질환이 약 7000가지나 있습니다. 그 중에서 치료제가 있는 질환은 200~300가지에 불과하죠. 7000개의 의문 가운데 해답을 찾은 것이 200~300개밖에 안 된다는 얘기입니다. 이게 얼마나 큰 잠재력인가요!"

CEO 미커는 아직 아무도 하지 않은 일을 하는 기업은 앞으로 성장 가능성이 무궁무진하다고 설명했다. 규모가 그리 크지는 않지만 그 시장은 분명 블루오션이다. 그가 지적한 것처럼 누군가는 꼭 해야 하는 분야, 비록 소수이긴 해도 고객이 존재하는 분야, 시장이 작다는 이유로 아직 아무도 도전하지 않은 분야는 훌륭한 도전 무대다.

젠자임 같은 기업이 망하지 않고 오래가는 이유는 단 하나, 사람들이 정말로 필요로 하는 것을 만들기 때문이다. 잠재고객 수가 적다고 해서 사업 전망이 흐리다고 단정할 수는 없다. 오히려 남이 '가지 않은 길'을 가면 새로운 틈새시장을 개척할 수 있다.

다만 그 전에 두 가지 전제 조건이 필요하다. 우선 잠재고객이 얼마나 '나'를 필요로 할지, 내가 만드는 제품이 그들에게 정말로 필요한 것인지, 내가 시장을 착각하고 있는 것은 아닌지 정확하고 냉정하게 파악해야 한다. 그다음에는 절대다수가 아닌 반드시 나를 필요로 하는 소수의 충성고객에게 나 역시 충성을 다하리라는 신념과 사명감이 있어야 한다. 이 두 가지 조건을 갖추면 '단 한 명의 고객을 위해 움직이는 기업'을 현실화할 수 있다.

제품력에 모든 것을 건다

# 프라이팬 하나도 100가지 실험을 거치는 테팔

## 소비자가 아쉬워하는 부분을 찾아라

주부나 요리를 즐기는 사람들에게 테팔은 친숙한 브랜드다. 전문요리사 중에서도 테팔 제품을 즐겨 쓰는 이들이 꽤 많다. 사용하는 고객이 많다는 것은 그만큼 그 회사가 고객의 니즈를 정확히 알고 이를 충족시키는 데 힘써왔음을 보여 주는 증거다.

1954년 테팔은 세계 최초로 '눌어붙지 않는 프라이팬'을 개발했다. 요리를 한 뒤 프라이팬에 지저분하게 눌어붙은 음식물 찌꺼기를 숟가락으로 박박 긁어내는 것은 모든 주부가

싫어하는 일이었다. 음식물이 바닥에 눌어붙지 않고, 물에 불리기만 하면 쉽게 설거지가 가능한 프라이팬의 등장은 주부들에게 커다란 희소식이었다.

테팔에서 눌어붙지 않는 프라이팬을 처음 발명한 사람은 창업자 마크 그레고아르Marc Gregoire다. 원래 어업 회사에 근무하던 그는 낚싯줄과 낚시 도구가 서로 엉키는 것을 막기 위한 재료를 개발하던 중 유리섬유를 소재로 한 코팅을 발명했다. 유리섬유는 내구성이 매우 뛰어났지만 당시에는 이것을 일상 생활용품에 접목시킨 사례가 거의 없었다. 그러던 어느 날 부엌에서 요리를 하던 그레고아르의 아내가 그에게 말했다.

> "프라이팬에 요리를 했는데 또 탔어요. 음식이 프라이팬에 눌어붙어서 떼어내기가 어려워요. 새 걸 하나 사주든지 아니면 날 좀 도와줘요."

이전까지 프라이팬에 유리섬유를 코팅해 보겠다는 생각을 한 번도 해 본 적 없던 그레고아르는 아내의 불평을 듣고 '시험 삼아 해 볼까' 하는 생각을 했다. 그렇게 해서 눌어붙지 않는 프라이팬이 탄생했고 로브레가 사장은 이를 재미있게 해석했다.

> “이 일화는 발전이라는 것이 어디서 오는지 보여 주는 흥미로운 사례입니다. 더 나아지려면 소비자가 아쉬워하는 부분이 무엇인지 매일 관찰해야 합니다. 발전과 진보는 소비자가 충족시키고자 하는 부분을 채워줄 때 생기니까요.”

소비자가 무엇을 아쉬워하는지 알아보기 위해 테팔 직원들은 일주일에 서너 차례씩 주방용품 가게에 들러 경쟁사 제품 중 새로 출시된 것이 있는지, 그것이 어떤 특별한 장점을 갖추고 있는지, 거기에 무엇이 빠져 있는지 등을 조사한다. 또한 요리 전문가를 정기적으로 만나 그들이 필요로 하는 사항을 듣는다.

이는 테팔에서 매우 중요하게 여기는 과정이다. ‘어떤 제품을 오래 사용했더니 손목이 아팠어요’, ‘새로운 레시피를 기존 제품으로 만들어 보니 이런 점이 불편했어요’, ‘가스레인지에 오래 놔두자 손잡이 부분이 쉽게 불에 타더군요’ 같은 자잘한 애로사항은 테팔이 무엇을 바꿔야 하는지 알려주는 중요한 나침반 역할을 한다.

테팔이 지난 2008년 한국에서 출시한 한국형 그릴은 이러한 노력의 결과로 탄생한 제품이다. 국물 요리가 가능한 이 그릴은 한국인의 전통 조리 방식에 초점을 맞춘 것으로 전골과 불고기를 모두 요리할 수 있다. 출시 직후 이 제품은 폭발적인 인기를 끌었고 현재 한국 그릴시장에서 50퍼센트 이상의 점유율을 기록하고 있다.

그밖에 매직 핸즈magic hands 제품군도 있는데 이는 원래 일본 소비자를 겨냥해서 만든 것이다. 즉, 좁은 일본식 부엌에 맞춰 냄비나 프라이팬의 손잡이와 몸체를 분리해 작은 공간 안에 수납하도록 만든 제품이다.

이처럼 소비자의 요구에 민감하게 반응하고 좀 더 나아지기 위해 끊임없이 노력하는 회사는 소비자의 호응 속에서 점점 더 앞으로 나아가기 마련이다. 그런데 그렇게 하기가 그리 쉬운 일은 아니다.

## 프라이팬 하나에 뒤따르는 100가지 실험

테팔이 만든 혁신적인 제품에는 여러 종류가 있다. 1967년에는 튀김요리를 해도 주방에 냄새가 배지 않는 튀김 프

테팔의 최고 히트작인 눌어붙지 않는 프라이팬과 공장에서 제품을 생산하는 모습 © Tefal

라이팬을 선보였고, 1981년에는 세계 최초로 온도 조절 장치를 부착한 전자 다리미를 출시했다. 1990년에는 물때가 끼는 것을 방지하는 장치를 장착한 다리미, 1996년에는 손잡이와 몸체 부분의 분리가 가능해 설거지 및 수납이 용이한 주방기구 세트가 나왔다. 2000년에 출시한 열 센서 프라이팬도 테팔이 최초로 개발한 제품이다. 이는 프라이팬 한가운데에 있는 빨간 센서가 온도에 따라 색깔이 변해 고기 익는 정도를 조절하거나 달걀을 반숙 및 완숙할 때 편리하다. 삶기, 굽기, 찌기, 밥 짓기, 채소 조리 등 메뉴만 설정하면 모든 종류의 요리가 한 번에 가능한 뉴트리 쿡nutria cook도 전 세계 소비자에게 큰 인기를 끌었다.

테팔 등 여러 브랜드를 보유한 그룹 세브(Groupe SEB)의 당시 사장이었던 패트릭 로브레가(현재 은퇴)는 "테팔은 매년 최소 100개 이상의 신제품을 출시하며 매출액 가운데 약 70퍼센트가 출시 3~4년 이내의 신제품에서 나온다."고 했다. 이는 소비자가 필요로 하는 것을 정확히 짚어낸 제품을 만들었다는 의미이자 연구개발에 엄청난 투자를 한다는 뜻이기도 하다. 특히 테팔은 연구개발 분야에 대한 투자와 제품 테스트에 철저하기로 소문이 난 회사다. 이들은 냄비와 프라이팬 개발에만 매년 5000만~5500만 유로(약 716억~788억 원)

를 투자한다. 로브레가 사장이 "프라이팬을 만드는 회사치고 우리처럼 많은 돈을 투자하는 회사는 없을 것"이라고 말한 그대로다. 그들은 첨단 IT 제품도 아닌 단순한 프라이팬에 왜 그토록 많은 돈을 투자하는 걸까?

테팔 본사는 프랑스 남부의 공업 도시 루밀리에 있는데 이곳 전체 인구의 약 20퍼센트에 달하는 1920명이 테팔에서 근무한다. 마을 전체가 테팔 타운이라고 해도 과언이 아닌 셈이다. 테팔 제품이 태어나는 실험실에서 가장 먼저 눈에 띄는 것은 프라이팬 여섯 개가 저울처럼 생긴 작은 기계 장치 위에 일렬로 늘어선 모습이다. 직원이 기계 옆에 붙은 버튼을 누르면 기계는 마치 괘종시계 추가 움직이듯 1초마다 규칙적으로 움직인다. 추가 포물선을 그리며 움직이는 것과 달리 프라이팬은 자를 대고 가로로 곧게 선을 긋는 것처럼 똑바로 움직인다는 점만 차이가 있을 뿐이다.

유심히 귀를 기울이면 프라이팬이 움직일 때마다 사각사각 금속이 긁히는 소리가 들려온다. 이는 프라이팬 표면에 밀착시킨 지폐 절반 크기의 녹색 수세미 조각이 움직일 때마다 표면과 마찰을 일으키면서 내는 소리다. 수세미 조각이 움직이지 않도록 공중에 단단히 고정돼 있어서 프라이팬이 좌우로 움직일 때마다 수세미에 자동적으로 긁힌다.

내가 만난 실험실 직원은 "프라이팬 표면에 닿는 수세미는 1.5킬로그램짜리 추가 위에서 내리누르는 것 같은 압력을 가하도록 설계되어 있습니다."라고 설명했다. 이는 설거지를 할 때 수세미로 프라이팬을 얼마나 많이 문질러야 프라이팬 표면에 긁힘이 생기는지 알아보는 실험이다.

일반적으로 테팔 프라이팬은 5000번 좌우 왕복 운동을 하기 전까지는 흠집이 생기지 않는다. 다시 말해 수세미에 1.5킬로그램의 추가 내리누르는 압력을 가해 1만 번 문지르기 전까지는 긁힘이 생기지 않는다. 그 엄청난 횟수에 나는 입이 떡 벌어졌다.

실험실의 다른 방에서는 요리 교실 같은 풍경이 펼쳐졌다. 하얀 요리사 가운을 입은 직원 네 명이 분주하게 주방을 오가며 팬케이크를 굽고 냉동 감자와 베이컨을 볶았다. 이는 얼마나 많은 열을 가해야 팬이 벗겨지고 또 팬 표면에 열이 골고루 전달되어 음식이 맛있게 조리되는지 알아보는 실험이다. 이 실험은 연간 272회 이뤄지는데 1년간 실험에 들어가는 감자가 1.25톤, 강낭콩과 스테이크가 1.65톤에 달한다.

제품이 불과 열기에 얼마나 잘 견디는지 알아보는 실험도 있다. 일단 프라이팬을 센 불에 올려놓았다가 곧바로 찬물이 가득 담긴 싱크대에 집어넣는다. 이는 불과 물을 몇 번

오갔을 때 제품 표면의 코팅이 벗겨지는지 알아보는 실험이다. 250회를 반복한 후 합격 판정을 받은 프라이팬만 소비자의 주방에 들어갈 자격을 얻는다.

그중에는 고문 실험torture test이라 불리는 것도 있다. 이것은 제품 본체와 분리되는 1만 5000여 가지의 손잡이를 직원들이 때리고 누르고 밟는 등 각종 고문(?)을 가했을 때 얼마나 오랫동안 형태가 유지되고 흠집이 생기지 않는지 알아보는 실험이다. 뒤이어 진행하는 실험에서는 본체와 손잡이 사이에 얼마나 큰 힘을 가해야 손잡이 부분이 떨어져 나가지 않는지 살펴본다. 6킬로그램짜리 추를 손잡이에 매달고 한 시간 동안 버텨야 합격이다.

이런 실험을 통과한 제품만 시장에 내놓기 때문에 테팔 직원들은 자사 제품의 품질에 대해 자긍심이 대단하다. 로브레가 사장의 얘기를 들어 보자.

> "주방용품은 전문 요리사가 아닌 한 소비자가 매일 들고 다니는 휴대전화처럼 물리적, 신체적으로 자주 접촉하지 않습니다. 따라서 신제품이 기존 제품과 별반 차이가 없거나 차이가 있어도 그것을 체감하기 어려우면 소비자는 당연히 비싼 값에 새 제품을 사려고

하지 않습니다. 반면 이전보다 좋은 기능을 추가했을 때 소비자의 삶과 생활의 질이 뚜렷이 개선되면 그들은 기꺼이 새 제품에 투자하려 하지요. 우리가 지난 40여 년 동안 해온 일은 눈에 띄는 변화를 일으키고 다른 제품보다 사용하기 편리한 제품을 만들어 낸 것입니다. 좀 더 안전하고 견고하며 쉽게 씻을 수 있는 제품을요. 바로 그 목표를 위해 우리는 철저한 검증 과정을 거치고 있습니다."

사장을 비롯한 전 직원의 제품에 대한 엄청난 자부심, 강한 신뢰, '우리가 정말 좋은 제품을 만들고 있다'는 믿음, 소비자에게 직접적인 도움을 줄 것이라는 확신이 이 회사를 이토록 오랫동안 살아남게 만든 비결이 아닐까.

## 우리는 지금 제대로 가고 있는가

기업은 모두 과거보다 더 나아지기 위해 애를 쓴다. 아니, 비즈니스 환경 자체가 과거와 똑같이 해서는 생존하기 어려운 상황이다. 글로벌화로 국경의 의미는 이미 오래전에 사라졌고 온라인 발달은 온, 오프라인의 경계마저 없애버렸다.

더구나 지금은 혁신의 속도가 과거와 비교할 수 없을 만큼 빨라졌다. 이와 관련해 비즈니스 전략 컨설턴트 래리 다운스Lary Downes와 폴 누네스Paul Nunes는 2013년 《하버드 비즈니스 리뷰》에 '빅뱅 와해성big bang disruption'이라는 개념을 소개했다. 이는 기존 제품이나 서비스에 비해 가격이 저렴하면서도 뛰어난 성능을 갖춘 혁신자가 주류主流 시장에 혜성처럼 등장하면 기존 기업은 위기를 느낄 틈도 없이 자신이 점유하던 시장을 잃는다는 것이다.

실제로 과거에 혁신적이라고 평가받은 수많은 기업과 제품이 또다른 혁신적인 후발주자로 인해 자취를 감춘 사례는 어렵지 않게 찾아볼 수 있다. 소니의 워크맨은 MP3의 등장과 함께 사라졌고, 휴대전화를 발명한 모토로라는 삼성과 애플 등의 스마트폰에 밀려 시장에서 도태되었다. 네덜란드에 본사를 둔 내비게이션 제조업체 톰톰TomTom 역시 2004년 내비게이션을 출시한 뒤 한동안 시장을 주도하다가 불과 몇 년 만에 구글맵이라는 지도 소프트웨어에 자리를 내줬다.

이처럼 생존을 위한 혁신이 선택이 아닌 필수가 되어버리면서 기업은 혁신에 대한 부담을 그 어느 때보다 강하게 느끼고 있다. 하버드 경영대학원의 클레이튼 크리스텐슨

Clayton Christensen 교수는 기술 수준이 고객의 니즈를 넘어서는 순간을 '오버 슈팅over shooting'이라고 정의한다. 이는 한마디로 고객이 필요로 하는 것 이상을 만들어 내는 것을 말한다. 고객의 니즈에 맞추지 못하는 것도 문제지만 니즈를 지나치게 넘어서면 이 역시 구매로 이어지기가 쉽지 않다.

기업의 본질은 고객이 원하는 것을 정확히 제공하는 데 있다. 그것이 최첨단 기술력이든 견고한 내구성이든 고객의 니즈에 정확히 초점을 맞춘 기업은 오래도록 기업 가치를 유지한다. 그 넘치지도 모자라지도 않는 기준을 맞추는 것이 정말로 오래가는 기업의 힘이다.

테팔은 연구개발에만 한 해에 660억 원 이상을 투자하고 프라이팬 하나를 출시할 때 100가지 이상의 실험을 거친다. 그 이유가 단순히 경쟁업체보다 더 나은 기술을 개발하는 데 있는 것은 아니다. 기술 개발 경쟁에 몰두할 경우 기업은 소비자가 필요로 하지도 않는 제품을 만드는 잘못을 범하기 십상이다. 겉으로는 그럴듯해 보이지만 사실은 누구도 그다지 필요로 하지 않는 부가 기능이 잔뜩 들어간 최첨단 가전제품처럼 말이다.

반면 '소비자의 불편을 해소하겠다'는 강한 목적의식을 바탕으로 기술을 개발할 경우에는 바닥에 음식물이 쉽게 눌어붙지 않는 프라이팬처럼 소비자가 평소에 아쉬워하던 미충족 니즈를 찾아내 그것을 해결해 줄 수 있다.

오늘 1등이라고 해서 내일도 1등이 된다는 보장이 없는 치열한 비즈니스 환경에서 혁신적인 기업으로 거듭나려면 끊임없이 기술을 갈고닦아야 한다. 프라이팬 하나에만 100가지 이상의 실험을 거치는 테팔처럼 말이다. 테팔의 로브레가 사장은 자사의 노력에 대해 이렇게 말했다.

> "저는 사용자가 시제품을 써본 뒤에 보이는 반응이 제품의 성공을 판단하는 하나의 잣대라고 생각합니다. 만약 '뭐, 그럭저럭 괜찮군. 제법 도움이 되겠어'라는 미적지근한 반응을 보이면 시장에서 중간 정도의 성공밖에 거둘 수 없습니다. 반면 사용자가 '우와, 이런 게 다 있다니! 이거야말로 내가 원하는 거야!'라는 반응을 보이면 그때는 모든 사람이 그 제품을 원할 것이라고 확신해도 좋습니다."

소비자가 놀랄 정도로 우수한 제품을 만들기 위해 노력하는 기업, 끊임없이 자가 발전하면서 소비자의 미충족 니즈를 채우려 하는 기업은 당연히 성공한다. 우리가 소비를 하는 이유는 물건이 A 회사의 제품 혹은 B 브랜드여서가 아니라 그 물건이 우리의 고민을 해결해 줄 것이라고 기대하기 때문이다. 오늘날 비슷비슷한 제품이 넘쳐나다 보니 기업들은 저마다 차별화를 외친다. 하지만 진정한 차별화는 제품의 외양을 바꾸거나 기능을 몇 개 더 추가하는 것이 아니라 소비자가 안고 있는 문제점, 그들의 미충족 니즈를 찾아내 해결해 줄 때 생긴다는 사실을 깨달아야 한다.

가장 잘하는 한 가지 분야에 집중하라

# 한 우물 파기 전략의 승리, 테트라 팩

## 대기업보다 강한 기업

자신이 가장 잘할 수 있는 한 분야에 집중하는 것은 사실 쉬운 게 아니다. 일단 다른 누구보다 잘할 수 있는 능력과 자신감이 있어야 하며 환경에 좌우되지 않고 꾸준히 밀고 나갈 뚝심과 끊임없는 혁신적인 노력도 필요하다. 그런 여러 가지 요소를 잘 융합해야 선택한 분야에서 특출한 성과를 올리며 지속가능한 성장을 이룰 수 있다.

50여 년간 식음료 용기라는 단일 분야에 집중해 1위가 된 테트라 팩Tetra Pak이 그 대표적인 사례다. 일반 소비자에게 테트라 팩은 낯선 이름이지만 이 회사는 우리가 일상생활에서 늘 사용하는 제품을 만들고 있다. 지금 책을 읽으면서 우유를 마시는가?

어쩌면 그 우유팩은 테트라 팩의 제품일지도 모른다. 하루의 섭취 권장량에 맞춰 만든 야채 및 과일 주스를 마신다면 그 용기도 테트라 팩의 제품일 가능성이 크다. 서울우유, 매일유업, 남양유업, 롯데칠성음료, 한국야쿠르트, 정식품 등 한국의 대다수 식음료 및 유가공 업체가 테트라 팩 용기를 사용하기 때문이다.

테트라 팩은 1961년에 설립된 스웨덴 회사로 2022년 기준 전 세계에 약 1930억 개의 포장 용기를 공급했다. 더구나 매출액이 경기 불황의 영향을 받지 않고 꾸준히 상승하고 있다. 이들이 이처럼 탄탄한 성장세를 유지하는 가장 큰 비결은 누구도 따라올 수 없는 핵심 기술에 있다. 데니스 욘슨 Dennis Jonsson 테트라 팩 회장(2019년 퇴임)은 그 이유를 다음과 같이 설명한다.

> "테트라 팩은 처음부터 혁신 기술을 바탕으로 세운 회사입니다. 우리는 그 사실을 늘 잊지 않지요. 현재 우리의 과제는 핵심 기술을 계속 발전시켜 하루가 다

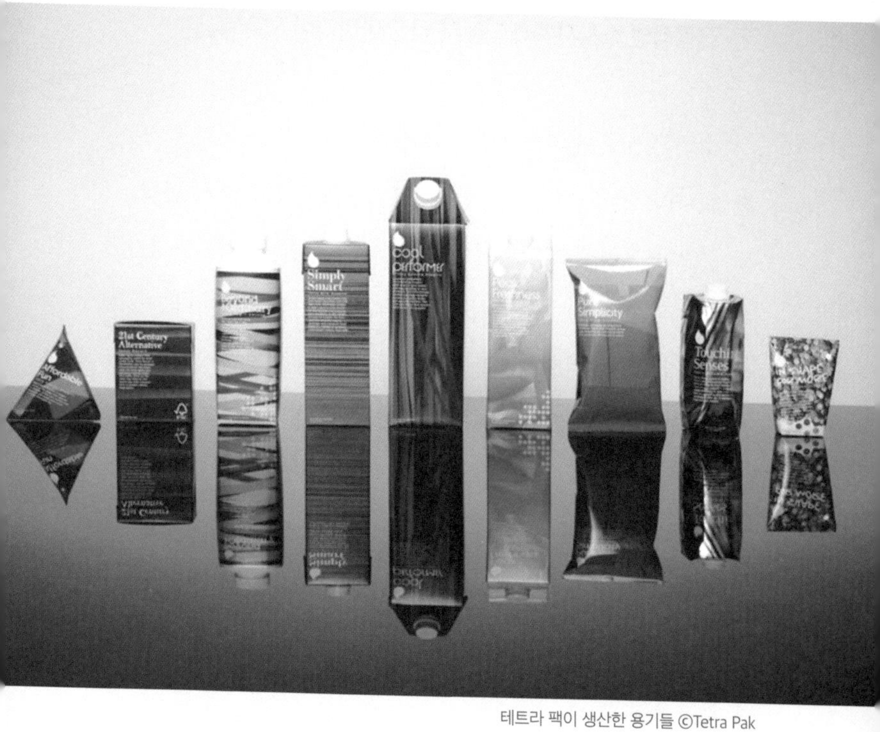

테트라 팩이 생산한 용기들 ©Tetra Pak

르게 변화하는 소비자의 다양한 욕구를 충족시키는 것입니다."

## 전통적인 소시지 제조법에서 얻은 아이디어

흥미롭게도 테트라 팩은 제2차 세계대전을 계기로 탄생한 회사다. 전쟁으로 도로가 막히고 물품이 원활하게 공급되지 않자 유럽에서 서민들이 곤란을 겪은 일 중 하나는 신선한 우유를 먹지 못한다는 것이었다. 유럽에서 빵이나 여러 가지 요리를 만드는 데 사용하는 우유는 기호품이 아닌 필수품이다. 그런데 1940년대까지만 해도 우유는 유리병에 담은 상태로 유통이 이뤄졌다. 동화 『플란다스의 개』에서 파트라슈가 끄는 마차에 실린 유리병을 떠올리면 이해하기 쉬울 것이다. 이렇게 유리병에 든 우유는 쉽게 상해 먼 지역으로 배송하기가 힘들다는 단점이 있었다. 그러다 보니 가뜩이나 전쟁 때문에 물자가 부족한 상황에서 운 좋게 우유를 구해도 상해 있기 일쑤였다.

이때 '우유가 상하지 않는 용기를 만들면 어떨까' 하는 아이디어를 낸 사람이 바로 테트라 팩의 창업자인 루벤 라우싱Ruben Rausing과 에리크 발렌베르그Erik Wallenberg 박사다. 이들은 미국에서 유리병 대신 밀랍으로 코팅한 종이 용기에 우유를 담아 판매하는 것을 보고 종이 소재로 눈을 돌렸다. 하지만 종이를 일일이 밀랍으로 코팅하자니 비용 부담이 너무 컸다. 그들은 밀랍 대신 공기가 들어오는 것을 막을 방법을 찾느라 고심했다. 그러던 중 라우싱 박사는 아내가 전통적인 방식대로 소시지를 만드는 모습을 보고 영감을 얻었다. 당시 농가에서는 튜브에 소시지를 넣고 아래 위를 꽁꽁 묶었는데 이를 본 라우싱 박사는 삼각뿔 모양의 우유 용기를 개발했다. 그가 직접 발명한 기계 안에 종이를 집어넣으면 종이가 삼각뿔 형태로 접히면서 우유가 용기 안에 들어가는 방식이었다. 이 과정을 거쳐 나온 제품이 테트라 클래식Tetra Classic이다. 용기의 모양이 정사면체라 그리스어로 '4'를 뜻하는 '테트라'라는 이름이 붙은 것이다.

테트라 클래식이 나오면서 밀봉한 용기 안으로 공기가 잘 들어오지 않아 우유가 쉽게 상하지 않았고, 소비자들은 우유를 집 안에 벽돌처럼 차곡차곡 쌓아 간편하게 보관했다. 테트라 클래식의 인기가 급속도로 올라가면서 테트라 팩은 1959년까지 연간 10억 개의 제품을 생산해 기존의 우유병을 완전히 대체했다.

물론 그 과정에서 어려움이 없었던 것은 아니다. 가장 큰 어려움은 용기 재료인 플라스틱 코팅 종이를 개발하는 일이었다. 특히 액체가 종이에 쉽게 스며들지 않는 한편 종이 특유의 냄새가 우유에 배지 않도록 하는 것이 커다란 숙제였다. 이를 위해 테트라 팩은 미국의 화학회사 듀폰과 손잡고 이상적인 플라스틱 종이 개발에 들어갔다.

1961년 테트라 팩은 세계 최초로 무균 포장 용기를 개발하면서 또 한 차례 큰 전환점을 맞이했다. 알루미늄 호일과 종이를 여섯 겹씩 덧대 만든 무균 포장 용기는 외부에서 균이 침투하는 것을 막아준다. 여기에다 테트라 팩은 고온 살균 기법을 더해 불과 2~3일 남짓하던 유제품과 음료수의 유통 기간을 길게는 한 달 이상으로 늘렸다.

무균 상태로 음료를 넣는 이 에이셉틱aseptic 기술의 좋은 점은 음료를 반드시 냉장 보관하지 않아도 된다는 것이다. 냉장 보관하지 않아도 되니 선박 운송으로 배송비용이 줄어들었고 무엇보다 원거리 배송이 가능해졌다.

테트라 클래식이 나올 당시의 모습 ©Tetra Pak

## 핵심 분야에 집중하되 늘 혁신하라

테트라 팩은 식음료 용기라는 한 분야만 집중 공략했다. 물론 한 가지 분야를 파고든다고 해서 모든 기업이 테트라 팩처럼 그 분야의 세계 1위로 도약하는 것은 아니다. 테트라 팩이 성공한 이유는 단순히 한 분야에 집중해서가 아니라 틈새시장에 뛰어들어 그 시장에서 누구도 따라 할 수 없는 노하우와 기술을 찾았기 때문이다.

현재의 노하우와 기술이 내년에도 세계 최고일 거라고 자신하는 기업은 없다. 최첨단 기술을 자랑하는 많은 기업이 지속적으로 연구개발에 천문학적인 비용을 쏟아붓는 까닭은 끊임없이 개발하고 혁신해야 현재의 위치를 유지할 수 있어서다. 아무리 혁신적인 기술이 있더라도 고인 물처럼 정체되어 있으면 한순간에 추월당하기 십상이다. 테트라 팩은 지속적인 노력으로 변화와 혁신을 거듭해야만 살아남을 수 있다는 사실을 잘 보여 준다. 욘슨 회장의 얘기를 들어 보자.

> "우리는 특정 분야에 집중하는 동시에 늘 혁신을 꾀합니다. 테트라 팩은 지속적으로 신선함을 유지하는 방법을 비롯해 소비자가 용기를 열 때 조금이라도 더

편리한 방식, 사회의 트렌드에 맞는 용기의 크기 등에서 계속 혁신하기 위해 노력하고 있습니다. 가령 현대인이 집에서 식사할 시간이 부족하다는 데서 착안해 이동하며 먹기 쉬운 용기를 개발했지요. 바쁜 아침 출근 시간에 간편하게 들고나가 쉽게 마개를 열고 마시도록 한 겁니다. 이 제품을 개발할 때 적절한 마개 크기와 목을 뒤로 젖혀 음료를 마시기에 편안한 각도까지 고려했습니다."

최근 테트라 팩이 새롭게 주목하는 것은 가정 내 음료 소비량의 변화다. 예전에 대가족이 한 집에 살던 때는 음료 용기가 굉장히 컸다. 미국의 경우 우유 용기의 약 90퍼센트가 3.8리터였고, 영국과 캐나다에서는 4.5리터 용기도 흔하게 사용했다. 그런데 싱글족이나 아이를 한 명만 낳는 소규모 가정이 늘어나면서 이제 용량이 큰 용기의 수요가 점차 줄어들고 있다. 이러한 추세와 관련해 욘슨 회장은 다음과 같이 말했다.

"작은 용량의 용기 수요가 늘어나는 것은 전 세계적인 추세입니다. 유럽과 미국뿐 아니라 아시아도 마찬가지지요. 특히 일본은 그런 경향이 두드러집니다. 앞으로 대용량 용기의 수요는 계속 줄어들 것입니다. 우리는 작은 용기 시장의 수요를 확인하고 각 사업 분야에서 소규모 용기 사업을 확대해 나갈 방침입니다."

자신의 핵심 기술을 잊지 않으면서도 시장 변화에 주목하는 한편 그 변화에 발맞춰 앞으로 나아가고자 다양한 시도를 하는 기업은 오래 살아남을 수 있다. 테트라 팩은 하나의 핵심 기술로 성공한 기업이 어떻게 미래로 나아가야 하는지 보여 주는 대표적인 사례다.

## 같은 듯하면서도 전혀 다른 글로벌 시장

한 우물 전략에서 무엇보다 중요한 것은 철저한 전문화다. 더불어 그것 못지않게 필요한 것이 세계화다. 독일의 히든 챔피언Hidden Champion(많은 사람에게 알려져 있지 않지만 세계 시장을 지배하는 우량기업)을 한국에 소개한 유필화 성균관대 교수는 "단일 기술로 틈새시장을 노리는 '한 우물 기업'이 규모가 작은 국내에만 집중할 경우 곧바로 성장의 한계에 부딪

히기 때문에 반드시 세계화가 필요하다."고 말한 바 있다.

실제로 한 우물을 파는 기업은 대부분 적극적으로 세계화를 추진한다. 승강기나 자동차에 필요한 베어링을 만드는 독일의 강소기업 셰플러schaeffler는 전 세계 180여 개국에 진출해 있다. 테트라 팩도 160여 개국에 진출해 있는데 욘손 회장이 "우리의 가장 큰 업적은 전 세계로 진출한 것"이라고 말할 정도다.

하지만 아무리 뛰어난 기술을 갖추고 있어도 세계 시장을 공략하는 일이 그리 만만한 것은 아니다. 한국만 해도 세계 시장 진출을 모색하다가 번번이 문턱에서 좌절하거나, 진출하긴 했지만 현지화에 성공하지 못해 큰 손실을 보는 경우가 부지기수다. 세계화를 위해 해외 시장에 진출할 때 가장 유의해야 할 점은 무엇일까? 욘손 회장의 노하우를 들어보자.

> "모든 시장이 다 다릅니다. 언뜻 비슷해 보이는 곳도 있지만 자세히 들여다보면 조금씩 다 다르지요. 유럽 시장을 예로 들어볼까요? 유럽 시장은 규모가 작으면서 각 나라의 개성이 아주 뚜렷합니다. 이를테면 프랑스인이 우유를 소비하는 방식은 스칸디나비아,

네덜란드, 스페인 사람들의 우유 소비 방식과 차이가 있어요. 그러므로 해외에 진출할 때는 자사 제품의 핵심 가치를 고수하되 각 시장의 기호와 요구를 민감하게 파악해 접근해야 합니다. 자사가 줄 수 있는 것과 각각의 시장에서 받고자 하는 것을 이해하고 조화를 이루도록 해야 하지요."

테트라 팩의 세계화 전략에서 유럽은 상대적으로 진입하기 쉬운 시장이었다. 일단 테트라 팩 자체가 유럽을 기반으로 한 기업이라 유럽의 음료 소비 문화를 잘 알고 있었다. 제2차 세계대전 이후 유럽 경제가 악화되면서 유럽 각국이 냉장 유통망을 잘 갖추지 못했다는 점도 호재로 작용했다. 테트라 팩의 장점이 냉장 보관할 필요가 없다는 것이기 때문이다. 그러나 다른 시장들은 좀 더 폭넓게 고민을 해야만 했다.

## 길은 찾아야 비로소 길이 된다

테트라 팩이 해외 시장으로 진출할 때 첫 번째로 직면했던 위기는 1980년대 독일에서 찾아왔다. 당시 독일에서는 환경 운동 열기가 점차 확산되고 있었다. 많은 환경 운동가들이 테트라 팩 용기가 환경 보호에 악영향을 끼친다고 비난했다. 위기를 맞은 테트라 팩은 각 분야의 과학자들을 적극 영입해 사탕수수에서 추출한 물질을 소재로 재활용이 가능한 제품을 개발했다. 이로써 테트라 팩은 한층 더 강해진 기술력을 확보하는 한편 환경 문제에 앞장서는 기업이라는 인식을 심어줄 수 있었다.

상대적으로 접근이 쉬웠던 유럽에 비해 미국은 보다 더 까다로운 시장이었다. 테트라 팩이 미국에 진출할 무렵 미국에는 이미 냉장 유통망이 잘 갖춰져 있었다. 우유를 냉장 보관하는 데 익숙한 미국 소비자들을 상대로 상온에 보관해도 괜찮다고 설득하기란 쉽지 않았다.

결국 테트라 팩은 굳이 냉장고에 익숙한 소비자를 변화시키기보다 기업 혹은 레스토랑 체인을 상대로 설득하는 편이 더 쉬울 거라는 결정을 내렸다. 이때 강조한 것이 '테트라 팩을 써서 음료를 상온에 보관하면 냉장 시스템을 사용할 필요가 없기 때문에 전기 사용료 같은 에너지 비용이 현저하게 줄어든다.'는 것이었다.

동시에 테트라 팩은 유럽에서처럼 우유 용기에 집중하는 대신 다양한 음료로 제품의 범주를 넓혔다. 냉장 보관을 하지 않아도 거부감이 덜한 두유나 치즈, 요구르트 같은 유제품 분야에는 비교적 쉽게 진입할 수 있으리라는 생각에서였다. 이것이 어느 정도 효과를 내자 그다음에는 주스와 과일즙 등으로 영역을 넓혔다. 이 접근 방식으로 새로운 수요를 창출하면서 테트라 팩은 미국에서 꾸준한 성장률을 기록하고 있다.

그렇다면 테트라 팩이 아시아 시장을 공략한 전략은 무엇일까? 이들의 대표적인 전략 상품은 캡 마개를 2.7센티미터로 일반 마개보다 훨씬 더 크게 제작한 제품이다. 이것을 사용하면 노인들도 쉽게 마개를 열어 음료를 흘리지 않고 따를 수 있다. 이 제품은 손바닥 힘이 약한 노인과 류머티즘 환자들이 사용하기 좋게 마개를 열 때 필요한 힘을 60퍼센트 줄인 것으로, 초고령화 사회인 일본 시장을 목표로 개발됐다.

중국 시장을 향한 테트라 팩의 접근 방식은 조금 다르다. 13억의 잠재소비자가 있는 중국은 세계에서 가장 매력적인 시장이지만 사실 테트라 팩에 대한 수요 자체는 그리 크지 않았다. 이에 테트라팩은 '수요를 만들어 내는' 전략을 세웠다. 시장을 꼼꼼히 분석한 욘슨 회장의 설명을 들어 보자.

"중국 정부는 자국 내에서 영양가 높은 음식의 수요가 점점 더 늘어나고 있다는 사실을 인식하고 있습니다. 그래서 어떻게 하면 적절한 비용으로 국민에게 영양가 있는 음식을 제공할지 고민하고 있지요. 그 결과 생각해 낸 것이 우유 소비 촉진 캠페인입니다. 우리는 중국 정부와 함께 우유 캠페인 프로그램을 논의했습니다. 우유 소비가 확대되면 (땅이 넓은 중국 시장에서 원거리 배송에 용이한) 테트라 팩의 용기 수요도 늘어날 테니까요. 장기적으로 봤을 때도 어린이에게 우유 섭취를 장려하는 것이 우리 사업에 긍정적인 효과가 있습니다. 어린 시절에 우유를 접하지 못한 성인은 우유를 마실 때 소화 및 흡수에 문제가 있는 경우가 많습니다. 반면 어린 시절부터 꾸준히 우유를 마시면 체내에 우유 소화를 돕는 박테리아가 형성되지요. 또 우유를 마시는 습관이 들 경우 나이가 들어서도 계속 마시게 됩니다. 중국 정부와 테트라 팩은 큰 도시부터 시작해 점점 중소도시로 우유 캠페인을 확산시켰고 이제 소도시도 진행 중입니다. 덕분에 중국 시장에서 테트라 팩이 성공적으로 뿌리를 내렸다고 봅니다."

길은 찾아야 비로소 길이 된다. 힘들고 어렵다는 생각으로 돌파구를 찾지 않으면 어느 기업에게나 길은 보이지 않는다. 길이 없었지만 걸어갔더니 길이 되었다는 말처럼 테트라 팩은 자사의 핵심 기술로 새로운 시장을 뚫기 위해 다방면으로 고심하며 앞으로 나아갔다.

## 한 우물만 파서 성공하려면

미국의 네트워크 통신회사로 세계 네트워크 통신 장비의 3분의 2를 점유하고 있는 시스코cisco는 전형적인 B2B 기업이다. 그런데 시스코가 한때 B2C 분야로 눈을 돌린 적이 있다.

2000년대 말 스티브 잡스가 복귀한 후 애플이 화려하게 부활하자 그전까지 소프트웨어와 관련해 B2B 거래만 해온 시스코는 B2C 시장에 주목했다. 그들은 결국 2009년 5억 9000만 달러를 투자해 소형 디지털 캠코더 개발업체 퓨어 디지털Pure Digital을 인수했다. 비디오카메라로 일반 소비자 시장까지 공략하려 한 것이다. 하지만 그 결과는 참담했다. 스마트폰 카메라의 성능이 날이 갈수록 발달하면서 소비자가 더 이상 비디오카메라를 찾지 않았기 때문이다. 당연히 시장을 제대로 읽지 못하고 공격적인 투자를 감행한 시스코는 큰 타격을 받았다. 경험이 없는 B2C 시장에 진입하기 위해 조직을 바꾸고 관련 사업부까지 만든 시스코는 2010년에서 2011년까지 나스닥 지수가 15퍼센트 오르는 동안 주가가 30퍼센트나 하락했다. 할 수 없이 시스코는 B2C 시장을 접고 전문 분야인 B2B 시장으로 돌아왔다. 이는 섣부른 사업 다각화가 치명적일 수 있음을 보여 준 대표적인 사례다.

그런데 때로는 한 우물만 파는 것이 도태로 향하는 지름길일 수도 있다. 과거 일본의 게임 회사 닌텐도는 2008년 매출 1조 8386억 엔, 순이익 2790억 엔을 기록했고 2009년에는 《비즈니스위크》가 선정한 '세계 최고의 기업' 1위에 오르기도 했다. 이는 몸집이 훨씬 큰 마이크로소프트나 소니를 제치고 거둔 성과라 더욱 의의가 컸지만 영광은 오래가지 않았다. 2009년 11월 닌텐도는 전년 대비 순이익이 52퍼센트 급감했고 이듬해 7월에는 252억 엔의 적자를 내 경영계에 큰 충격을 안겨주었다.

닌텐도는 게임 분야에서 세계 최고의 경쟁력을 갖춘 기업이지만 아쉽게도 주변 환경이 달라졌다. 지금은 많은 사람이 조이 스틱joy stick같은 게임 기계를 사용하지 않고 스마트폰으로 게임을 한다. 오늘날 수많은 게임 회사가 치열하게 경쟁하는 곳은 오프라인이 아니라 스마트폰의 온라인상에서다. 우직하게 게임 하나만 만든 닌텐도는 시대의 변화와 함께 달라진 경쟁 방식에 대처하지 못했고, 단일 사업에 올인하다 보니 게임 사업에서 본 손실을 다른 분야에서 메울 수도 없었다. 한때 파산 위기까지 치달았던 닌텐도는 닌텐도DS부터 위Wii, 스위치Switch로 이어진 흥행으로 현재는 어느 정도 매출을 회복한 상태다.

이 두 가지 사례는 한 우물 전략의 명明과 암暗을 잘 보여준다. 기업이 자사의 핵심 역량에 집중해 한 우물을 파는 전략으로 성공하려면 어떻게 해야 할까.

첫째, 철저한 전문화가 필요하다. 독보적인 기술력 혹은 2등과 현격하게 차이가 나는 1등의 실력을 갖추고 끊임없이 혁신을 추구해야 한다. 변화와 발전을 통한 전문화 없이 한 우물만 파면 그 분야의 대표주자로 거듭날 수 없다. 변화와 발전을 기반으로 전문화에 성공한 기업은 설령 몸집이 작더라도 대기업 부럽지 않은 위치를 확보한다.

둘째, 국내 시장에 머물지 말고 세계화를 적극 모색해야 한다. 한 우물 전략을 선택하는 기업은 대개 틈새시장에 몰려 있는데 이는 시장 규모가 작아 금세 성장의 한계에 부딪

힌다. 한국처럼 국내 시장 규모가 작은 나라는 더더욱 그렇다. 독일의 테트라 민Tetra Min은 물고기 사료만 전문적으로 취급하는 회사지만 해외 시장 공략에 적극 나서서 현재 세계 물고기 사료 시장에서 독보적인 위치를 차지하고 있다.

셋째, 국가적인 지원이 필요하다. 독일엔 약 367만 개의 중소기업, 즉 미텔슈탄트Mittelstand가 있으며 이 가운데 세계 시장 점유율 1~3위를 차지하는 이른바 히든 챔피언도 1300여 개나 된다. 세계 시장 1위를 차지하는 품목도 852개다. 물론 이들의 주요 성장 요인은 끊임없는 자기 혁신이지만 강소기업 육성에 적극적인 독일 정부의 정책도 한몫했다. 독일에는 국가 주도의 응용 중심 연구센터인 프라운호퍼fraunhofer가 있다. 이곳은 연구개발을 담당하는 연구원만 3만여 명에 이를 만큼 독일 정부의 강력한 지원을 받는다. 또 독일은 정책금융공사가 강소기업을 위해 수출 금융을 지원하고 숙련공을 양성하기 위한 직업 훈련도 실시한다.

모든 기업이 애플이나 구글 같은 공룡이 될 수는 없다. 자본이나 인력이 넉넉지 않은 중소기업이 어설프게 코끼리들이 노는 곳에 발을 디뎠다가는 경쟁다운 경쟁도 해보지 못하고 백기를 들 가능성이 크다. 그러나 독창적인 아이디어와 차별화된 기술, 틈새시장을 간파하는 혜안이 있다면 남이 가지 않은 곳을 먼저 점령한 뒤 꾸준히 전문성을 갈고닦아 자신만의 길을 걸어갈 수 있다. 나아가 테트라 팩이 우유 용기에서 주스 용기, 인스턴트 식품 용기, 위스키 용기까지 연관 사업으로 영역을 확대한 것처럼 전문 분야의 범주를 확장하는 것도 가능하다.

자신이 가장 잘할 수 있는 것을 찾아 거기에 전념하는 것, 그 안에서 더 잘하기 위해 지속적으로 노력하는 것, 이 두 가지를 제대로 해내는 기업은 절대 도태되지 않고 세계 시장을 누빌 것이다.

진정성 있는 기업이 성공한다

# 겨울 의류의 목적에 충실한 캐나다 구스

## "아, 이런 게 진정성이구나"

환경 보호가 아닌 제품의 본질적인 부분에 진정성을 쏟아붓는 기업도 있다. '인간을 추위에서 해방시킨다.'는 목표를 세운 캐나다 구스Canada Goose가 대표적이다. 세상에서 가장 따뜻한 옷을 만들기 위해 최고의 재료를 사용하는 캐나다 구스는 회사 이름 그대로 모든 제조 과정을 캐나다에서 진행한다. 특히 이들은 유명인을 모델로 내세워 광고를 하거나 특별한 마케팅 이벤트를 열지 않는다. 그것은 모두 부차적인 것일 뿐이고 가장 중요한 것은 제품이라고 믿기 때문이다. 캐나다 구스의 CEO 대니 리스Dani Reiss는 진정성에 관한 자신의 의견을 이렇게 들려주었다.

> "진정성은 진짜입니다. 여기에 평판이 붙는 거죠. 진짜라는 평판이 형성되기까지는 상당히 오랜 시간이 걸립니다. 소비자는 제조사의 여러 가지 마케팅을 인식하긴 하지만 그것은 평판과는 다릅니다. 평판은 인식 단계를 넘어 본인이 직접 경험한 뒤 '아, 이건 진짜구나'라고 느끼면서 형성되니까요.
> 캐나다 구스가 진짜라는 평판을 듣기까지 수십 년이 걸렸습니다. 극지방에서 생활하는 사람들이 캐나다 구스 제품을 입고, 혹은 혹한 속에서 야외 촬영을 하는 영화 관계자들이 캐나다 구스로 추위를 이기면서 제품에 대한 신뢰가 쌓인 것입니다."

CEO 리스는 3세 경영인이지만 원래 그는 사업을 물려받을 생각이 전혀 없었다. 한때 소설가 지망생이던 그는 20대 때 세계 여행을 즐기다가 일본 오사카에 있는 작은 만두 가게를 방문했다. 33제곱미터(약 10평)도 되지 않는 좁은 가게는 외관도 허름했고 다리 밑이라 입지도 좋지 않았다. 더구나 메뉴는 오로지 만두 한 종류밖에 없었다.

일본인 친구는 그에게 "이 가게는 내가 태어나기 전부터 장사를 하던 곳이야."라며 자신 있게 그 가게를 추천했다. 겉보기에는 보잘것없는 가게였지만 만두 맛만큼은 그야말로 최고였다. 그때 리스는 '아, 이런 게 바로 진정성이구나.'라는 생각을 했다. 만두 외에 다른 메뉴를 끼워 넣어 브랜드를 희석시키지 않은 그 가게는 만두라는 단일 품목에서 최고의 품질을 지향했다. 훗날 회사를 물려받은 리스가 진정성 있는 경영을 해야겠다고 결심하면서 그 가게를 떠올린 것도 무리는 아니었다.

## 아는 사람에게 물어보라고 말하는 회사

캐나다 구스의 진정성은 '극한의 추위도 견디도록 따뜻한 옷을 만든다.'는 것에 그 뿌리를 두고 있다. 이 사실은 캐나다 구스의 열성 팬들이 자주 증명해 준다. 랜스 맥키Lance Mackey는 1931킬로미터에 달하는 알래스카의 개썰매 경주 이디타로드Iditarod에서 네 번이나 우승한 전설적인 챔피언이다. 레이 자합Ray Zahab은 33일간 남극을 전력 질주함으로써 남극

트레킹에 성공한 탐험가로 '초극기 마라토너'라는 별명으로 불린다. 이 두 사람이 극한 지역으로 탐험을 떠날 때 반드시 챙기는 물건이 바로 캐나다 구스의 방한복이다. 이 방한복은 지역에 따라 영하 20~30도까지 떨어지는 캐나다의 매서운 추위에 대비해 만든 옷이다. 당연히 항공기 조종사, 극지방 연구원, 다큐멘터리 촬영 감독 등 추위에 맞서 싸워야 하는 사람들이 앞다퉈 이 옷을 구입했다. 캐나다의 혹한에서 태어나 추위를 극복하기 위해 만든 브랜드인 만큼 캐나다 구스는 '추위 극복'이라는 브랜드 정체성을 충실히 따른다.

또한 캐나다 구스는 제품을 만든 뒤 남은 자투리 천을 쓰레기 매립지가 아니라 북극 이누이트 지역의 전통 재봉사들에게 보낸다. CEO 리스는 그 이유를 이렇게 설명했다.

> "어찌 보면 북극을 무대로 생활하는 사람들이 우리 브랜드의 명성을 키워준 것이나 다름없습니다. 따라서 그들과 유대 관계를 맺고 지속적으로 교류하는 것은 매우 중요한 일입니다."

같은 이유로 캐나다 구스는 북극곰 보호 비영리단체 '북극곰 인터내셔널Polar Bears International'도 이끌고 있다. 2014년 현재 협회 회장인 CEO 리스는 회원들이 북극으로 기후 조사를 하러 갈 때마다 착용하는 파카를 특별 제조 및 개발해서 제공하고 있다.

반면 캐나다 구스는 그 흔한 스타 기용 마케팅을 전혀 하지 않는다. CEO의 집무실에는 캐나다 구스의 옷을 입은 유명인의 사진이 많이 붙어 있지만 홍보 목적으로 그것을 활용한 적은 없다. 연예인이나 유명 모델을 이용한 홍보 활동은 원칙적으로 하지 않기 때문이다. 대신 캐나다 구스는 '아는 사람에게 물어봐.Ask anyone who knows.'라는 캐치프레이즈 아래 입소문 마케팅을 펼친다. 그만큼 이들은 입어 본 사람은 그 가치를 알 거라고 확신한다. CEO 리스는 여기에서도 진정성 있는 소통을 강조한다.

"우리 회사도 카탈로그를 만들 때는 전문 모델과 함께 사진 촬영을 합니다. 하지만 패션 잡지에 번지르르하게 광고하지는 않죠. 우리는 소비자들과 좀 더 진정성 있게 소통하고 싶으니까요. 직접 입어 본 사람이 다른 사람에게 자신의 경험을 전달하면서 말입니다."

그가 생각하는 진정성이란 고객이 직접 체험하고 느끼게 하는 것을 말한다. 그래서 이 회사는 추운 날씨에 촬영을 하는 영화 스태프, 조종사, 극지방 연구원 등 정말로 캐나다 구스를 필요로 하는 사람들에게 옷을 제공하고 피드백을 받는다. 아이스하키 경기장을 찾은 사람들에게 캐나다 구스 파카를 입히는 마케팅을 펼치기도 한다.

일단 입어 본 사람들은 대다수가 캐나다 구스의 제품력을 인정했고 그 경험을 SNS를 통해 공유했다. 캐나다 구스의 캐치프레이즈처럼 입어 본 사람들이 가장 큰 마케터로 활약하는 셈이다.

기능에 충실을 기하는 캐나다 구스의 특성은 회사의 인력 구성에서도 찾아볼 수 있다. 당시 상품과 기획을 총괄 담당했던 스펜서 오어Spencer Orr 사장은 디자인 전공자가 아니라 본래 암벽등반, 캠핑, 철인 3종 경기 같은 아웃도어 스포츠용품 평가 전문가였다. CEO 리스는 야외 활동을 진심으로 좋아하고 또 잘 안다는 점을 높이 평가해 오어 부사장을 회사에 영입했다. 놀랄 만큼 가볍고 옷을 접어 간이 베개로도 활용할 수 있는 하이브리지 재킷을 비롯해 캐나다 구스의 여러 가지 대표 제품이 그의 머리에서 나왔다.

방수 재킷 소매 부분을 밖으로 잡아당기면 안에 덧댄 천

캐나다 구스 카탈로그 속 제품들 © Canada Goose

이 나와 손목 부분을 따뜻하게 감싸는 것이나, 커피숍 같은 실내에 들어가 잠시 재킷을 벗었을 때 거추장스럽지 않도록 재킷의 안쪽 어깨 부분에 끈을 만들어 재킷을 백팩처럼 등에 걸치게 한 실용적인 부분도 야외 활동을 즐기는 그가 체험에서 얻은 아이디어다.

제품을 만드는 사람이 실제 고객과 동일하면 좀 더 섬세하게 고객의 욕구를 충족시키는 것은 물론, 고객이 미처 생각지 못한 부분까지 편의를 더해 감동을 줄 수 있다. 캐나다 구스는 단순히 매출 확대를 위해서가 아니라 정말로 아웃도어를 좋아하는 사람, 추운 지역에서 일하거나 운동하는 사람에게 최적화된 제품을 만들겠다는 다짐을 각각의 옷 속에 집어넣는다.

### 회사 이름 그대로 정체성을 지킨다

캐나다 구스의 모든 제품은 캐나다에서 생산된다. 오늘날 서구의 글로벌 제조업체 중 인건비가 싼 국가에 공장을 두지 않고 100퍼센트 자국에서 제품을 생산하는 기업은 아마 캐나다 구스 외에는 찾아보기 힘들 것이다. CEO 리스는 회사 이름 그대로 캐나다에서 만든 제품을 고집한다.

> "우리에게 메이드 인 캐나다는 중요한 의미가 있습니다. 스위스 시계를 스위스가 아닌 다른 곳에서 만든다면 무의미하겠지요. 캐나다 구스도 마찬가지입니다. 우리 제품은 본질적으로 캐나다에서 만든다는 정체성을 지킵니다. 회사 이름에도 그 점이 드러나고 실제 제품도 캐나다에서 만듭니다. 몇 대에 걸쳐서 말이지요. 바로 이 점이 캐나다 구스가 다른 아웃도어 브랜드와 차별화되는 부분이라고 생각합니다. 그리고 그것이 우리의 경쟁력이기도 합니다."

사실 캐나다처럼 인건비가 높은 곳에 공장을 두고 전체 제조 과정을 진행하는 것은 쉬운 일이 아니다. 하지만 CEO 리스는 "앞으로도 공장을 다른 곳으로 이전할 생각이 전혀 없다."고 밝혔다. 그는 왜 인건비가 싼 지역에 공장을 짓는 트렌드를 따르지 않는 걸까? 그것은 그가 브랜드에 영혼이 있다고 생각하기 때문이다.

캐나다 구스 공장 © Canada Goose

지난 10여 년간 우리 주위의 모든 것이 브랜드화되면서 세상 모두가 브랜드를 뒤집어쓴 꼴이 되었다. 그렇지만 제품이 곧 브랜드는 아니다. 어떤 것은 브랜드가 단순히 이름표label에 지나지 않는다. 오늘날 많은 학생이 비즈니스 스쿨에 수업료를 지불하며 소비자의 주목을 받을 만한 브랜드 제작법을 배운다. 브랜드가 돈이 된다는 것을 아는 까닭이다. 어쩌면 그래서 브랜드가 한낱 상품에 불과한 존재로 전락한 것인지도 모른다. 이는 브랜드가 본래 추구하던 것과 정반대의 결과를 낳고 만 꼴이다. CEO 리스의 얘기를 더 들어 보자.

> "모든 제품이 브랜드가 되면 결국 모든 제품이 똑같아집니다. 오늘날 중국의 의류 공장에서 수많은 노동자가 전 세계 각국의 브랜드 제품을 생산합니다. 이는 같은 작업을 하면서 그냥 제품 로고만 갈아 끼우는 것에 지나지 않습니다. 그렇게 하면 브랜드에 영혼이 조금도 들어가지 않아요. 많은 제조사가 그런 식으로 제품을 만들면서 자사 제품에 진정성 있는 스토리나 무언가 특별한 것이 들어 있다고 말합니다. 그건 단지 그런 척하는 것에 불과하다고 생각합니다. 그들의 재킷은 그저 중국의 생산 라인에서 경쟁사와

똑같은 공정을 거쳐 찍어낸 것이니까요. 우리는 그렇지 않습니다. 캐나다 구스의 작업장에는 오랫동안 같은 일을 해온 노동자들이 있습니다. 그들은 자부심과 열정을 가지고 제품을 만들지요."

## 진정성을 담아 차별화하라

제임스 길모어James Gilmore와 조지프 파인Joseph Pine 2세는 『진정성의 힘Authenticity: what consumers really want』에서 진정성이 소비자의 새로운 구매 판단 기준이 되었다고 적었다. 또한 이들은 진정성을 겉과 속이 다르지 않은 상태로 '정체성의 한 형태'라고 정의했다.

과거에 소비자들은 특정 제품을 구매함으로써 사회 계층적 차별화 욕구를 충족시켰다. 이를테면 루이비통이나 샤넬 가방을 사서 자신의 사회적 신분을 과시하는 식이다. 그러나 개인화가 고도로 진행된 오늘날 소비자는 물건으로 자신의 자아를 과시하고자 한다. 스위스의 제조업체 프라이탁freitag은 다 낡아 버린 옷이나 낙하산 등을 재활용해서 물건을 만드는 회사다. 그곳에서 제품을 만들 때는 재활용 천에 있던 손때나 흠도 일부러 지우지 않는다. 그냥 내버려 두면 쓰레기나 다름없는 물건에 독특한 디자인을 가미해 새로운 제품으로 탈바꿈 시킬 뿐이다. 기존의 물건을 재활용하기 때문에 프라이탁에는 똑같은 디자인이 하나도 없다. 그래서 소비자가 프라이탁 제품을 구매하면 세상에서 단 하나뿐인 나만의 물건을 갖는 셈이다. 동시에 프라이탁의 가방을 드는 사람들은 이 브랜드를 소비함으로써 은연중에 환경 문제에 관심이 있고 개성을 중시하며 쿨하다는 정체성을 드러낸다.

모터사이클 브랜드 할리데이비슨Harley-Davidson은 아마 세상에서 가장 충실한 소비자를 거느린 브랜드일 것이다. 할리데이비슨의 추종자들은 브랜드 로고를 자신의 몸에 문신으로 새길 정도로 이 브랜드를 사랑한다. 그들에게 할리데이비슨은 단순히 하나의 제품이 아니라 남성성, 반항성, 자유로움을 상징하며 그들은 제품을 통해 그 정체성을 표현한다고 믿는다.

최근 몇 년간 전 세계에서 큰 인기를 끈 캐나다 구스 열풍도 그 맥락이 같다. 캐나다 구스 열풍이 불면서 한때 한국에서 캐나다 구스 일부 품목이 품귀 현상을 빚었고 모방 제품까지 우후죽순 등장했다. 실용성 측면에서 캐나다 구스는 서울 기준 영하 10도를 내려가는 날이 거의 없는 한국에서 굳이 입을 필요가 없는 옷이다. 한국에서 가장 인기 있는 품목 중 하나인 캐나다 구스 엑스페디션 파카는 영하 30도 이하 기후에 적합한 옷으로 본래 목표 고객층은 극심한 추위를 이겨내야 하는 남극 기지의 연구원들이다.

그런데 왜 그토록 많은 한국 소비자가 열광한 것일까? CEO 리스는 한국은 물론 뉴질랜드, 홍콩, 콜롬비아 등 겨울철 기온이 그리 낮지 않은 나라에서도 캐나다 구스가 인기를 끈다며 그 이유를 다음과 같이 설명했다.

> "그들이 캐나다 구스를 구매하는 이유는 사람들이 랜드로버의 레인지로버를 구매하는 이유와 똑같다고 봅니다. 도심에서 운전하는 사람들에게 사막이나 밀림 같은 최악의 환경에서 사용하기 위해 만든 레인지로버는 굳이 필요하지 않습니다. 하지만 사람들은 특별한 스토리와 진정성이 있는 제품을 원합니다. 거기다 기능까지 좋다면 두말할 나위가 없겠죠."

어떤 사람은 단순히 필요를 충족시켜주는 제품을 원하지만 또 어떤 사람은 마음을 끌어당기는 혹은 자신의 라이프스타일에 맞는 제품을 사려고 한다는 얘기다. 그 제품의 특성, 기능, 이미지가 자신의 기대와 딱 맞아 떨어질 경우 다른 제품에 비해 가격이 높아도 소비자는 그 제품을 구매한다. 다른 것을 구매했을 때 얻을 수 없는 높은 만족감이 느껴지기 때문이다.

## 스토리 텔링에서 스토리 두잉으로

세스 고딘Seth Gordin은 『마케터는 새빨간 거짓말쟁이All Marketers Are Liars』에서 지인의 부탁으로 화장품 전문점 키엘kiehl's에 처음 방문했을 때의 강한 인상을 적고 있다. 약사처럼 모두 하얀 가운을 입은 키엘의 매장 직원은 고객의 피부 고민에 전문적인 컨설팅을 해 줬다. 그리고 특별한 장식 없이 수수한 제품 용기에는 제품 정보가 빼곡히 적혀 있었다. 피부에 진정 관심이 있는 사람이 만든 순수한 화장품이라는 인상을 받은 그는 얼떨결에 부탁받은 물건 외에 면도 크림과 아내를 위한 비누까지 구매한 뒤 매장을 나서는 자신을 발견했다.

기업의 각종 과대 홍보, 마케팅 활동에 정통한 마케팅 전문가인 고딘조차 키엘 매장에서 덜컥 물건을 구매한 이유는 아마 이 브랜드의 진정 어린 이미지 때문일 것이다.

키엘은 1851년 컬럼비아 약대를 졸업한 존 키엘John Kiehl이 뉴욕 이스트 빌리지에 개설한 키엘 약국에서 출발했다. 지금은 키엘 외에도 피부과 전문의나 약사와 함께 개발한 브랜드가 매우 많지만 당시 전문 의약 지식을 바탕으로 탄생한 화장품 브랜드는 키엘이 유일했다.

창업자 키엘의 곁에는 허브에 해박한 조수 어빙 모스Irving Morse가 있었는데, 키엘은 모스에게 약학 지식을 전수하는 것을 넘어 1920년 그에게 약국까지 물려주었다. 허브를 잘 아는 모스는 전 세계 각지에서 효능이 뛰어난 식물을 구해 피부에 탁월한 효과가 있는 제품을 계속 개발했다. 그 뒤 키엘 약국은 어빙 모스의 아들 아론 모스Aaron Morse에 이어 그 딸에게 대물림됐다. 창립부터 지금까지 160여 년이 흘렀지만 키엘은 몇 가지 확고한 원칙을 고수하고 있다.

---

첫째, 상업적인 광고를 하지 않는다. 키엘은 광고나 프로모션이 아니라 입소문과 품질, 추천을 통해 성장했다. 유명 연예인을 기용해 제품을 홍보하기보다 그 비용을

더 나은 제품을 만드는 데 투자하겠다는 것이 키엘의 의지다.

둘째, 단순하고 재활용이 가능한 용기만 사용하고 방부제도 최소화한다. 제품이 더 매력적으로 보이도록 인공 색소를 쓰거나 인공 향을 가미하지 않는다.

셋째, '사용하기 전에 샘플을 써보세요.Try before you buy.'라는 슬로건에 충실히 임한다. 키엘은 제품 구매에 앞서 자신의 피부 유형에 맞는 제품을 확인하도록 고객에게 매장에서 100가지가 넘는 샘플을 직접 테스트해 보라고 권한다.

---

나는 행사를 위해 한국에 온 키엘의 전 CEO 셰릴 비탈리Cheryl Vitali를 만난 적이 있다. 2020년 로레알로 자리를 옮기기 전까지 키엘을 대표했던 그녀는 줄리아 로버츠처럼 훤칠한 키에 시원시원한 웃음이 인상적이었다. 그녀는 키엘이라는 브랜드를 이렇게 설명했다.

"키엘은 다른 (약국용 화장품) 브랜드와 달리 진정성 있는 브랜드입니다. 또 1851년에 설립해 지금까지 일궈온 오랜 역사가 있지요. 우리는 작은 약국이라는 의료 커뮤니티에서 출발했고 약사들이 만드는 화장품 브랜드라는 정체성을 쌓아왔습니다."

키엘은 전문적인 의학 지식을 배경으로 탄생한 브랜드로 '고객의 피부에 대해 전문적인 상담을 해 준다'는 정체성을 꾸준히 지켜왔다. 이것이 키엘이 세계적으로 사랑받는 화장품 브랜드로 성장한 비결이다.

오늘날 마케팅은 우리의 생활 깊숙이 들어와 있다. TV뿐 아니라 거리 곳곳의 대형 전광판, 지하철 스크린 도어, 도로를 지나가는 버스에까지 온갖 광고가 넘쳐난다. 광고 전문지 《애드버타이징 에이지Advertising Age》의 칼럼니스트 밥 가필드Bob Garfield에 따르면 우리는 하루 평균 3000건 이상의 광고에 노출된다고 한다.

말의 홍수에 익숙한 현대의 소비자들은 수많은 기업이 제공하는 스토리 텔링에 피로한 나머지 더 이상 듣고 싶어 하지 않거나 그들의 이야기를 신뢰하지 않는다. 그러므로 이

제 기업은 자사의 진정성을 그저 광고하는 데 그치지 말고 직접 행동으로 보여 주는 스토리 두잉story doing을 해야 한다.

단순히 스토리를 만들어 내는 것이 아니라 그것을 행동으로 보여 주는 기업만이 지속적으로 살아남을 수 있다는 말이다. 결국에는 진심이 통하기 때문이다. 진심을 담아 물건을 만들고 회사를 경영하며 진심으로 고객을 대하면 고객도 그것을 알아주기 마련이다. 캐나다 구스나 키엘이 전 세계적으로 꾸준히 인기를 얻는 것도 제품에 대한 진정성이 바탕이 된 덕분이다. 오늘날 기업들이 진정성을 중요시해야 하는 이유가 바로 여기에 있다.

# Insight Story

대표 강점을 명확히 알고 제대로 표출하라

_ 마틴 셀리그먼Martin Seligman

미국의 심리학자 마틴 셀리그먼 교수는 긍정 심리학positive psychology의 창시자로 널리 알려져 있다. 긍정 심리학이란 불안이나 스트레스, 우울 같은 인간의 부정적인 면에 초점을 맞추던 기존 심리학의 연구 방향과 달리 인간의 밝은 면, 행복, 긍정적인 정서를 집중적으로 연구하는 심리학의 한 분야를 말한다.

이력만 보면 셀리그먼 교수는 활기차고 낙관적일 것 같지만 직접 만나보니 그는 별로 웃지 않았고, 어쩌다 희미한 미소를 짓다가도 이내 본래의 화난 듯한 표정으로 되돌아갔다. 하긴 그는 이미 책에서 "사실 나는 긍정적인 정서가 매우 낮은 사람"이라고 밝힌 바 있다. 심한 우울증을 앓은 아버지 때문에 그리 행복하지 않은 어린 시절을 보낸 그는 심리학 연구를 시작하던 초창기에 자살이나 트라우마 같은 인간의 부정적 정서에 집중했다. 특히 그가 저서에 "어린 시절에 종종 꽁꽁 언 바다 한가운데에 홀로 있는 듯한 느낌이 들었다."고 묘사한 부분은 그의 심리를 잘 보여준다.

하지만 그는 미국 심리학회 회장으로 선출되면서 연구 분야를 긍정 심리학 쪽으로 선회했다. 그는 심리학자들이 고통과 비참함을 다루는 방법에 정통하고 우리 내면의 슬픔과 분노를 약물 혹은 상담으로 줄이는 문제를 끊임없이 연구하고 있지만 그 외의 다른 부분도 놓쳐서는 안 된다고 지적했다.

> "인생의 절반은 어두운 측면이 차지하고 있습니다. 나머지 절반은 현재의 상황을 제로로 봤을 때 어떻게 해야 더 나아가고 성장할 수 있느냐 하는 부분입니다. 부정적인 감정을 지우거나 줄이는 데만 치중하지 말고 제로에서 플러스로 나아가기 위해 무엇을 해야 하는지도 연구해야 합니다. 이것은 미개척 분야로 (심리학회 회장으로서 향후 심리학 발전을 위해) 연구할 가치

가 충분히 있다고 생각했습니다."

셀리그먼 교수는 행복하려면 긍정적 정서, 몰입, 관계 맺기, 의미, 성취감이 필수 요소라고 지적했다. 더불어 성취감과 연관이 있는 일의 만족도를 높이기 위해 자신의 대표 강점signature strength을 찾는 것이 중요하다고 했다.

개개인의 대표 강점은 매우 다양하며, 그것은 친절일 수도 있고 성실일 수도 있다. 그런데 직업 환경에 따라 자신의 대표 강점을 제대로 발휘하지 못하는 경우가 간혹 발생한다. 근무 환경과 대표 강점이 모순적인 상황에서는 어떻게 처신해야 할까? 셀리그먼 교수의 생각을 들어 보자.

"미국의 법조인들은 고소득 전문직이지만 우울증 빈도가 가장 높은 직업군이기도 합니다. 항상 사안을 비관적으로 바라보고 경쟁적인 근무 환경에서 일하며 또 언제나 누구는 지고 누구는 이기는 식으로 성패가 갈리니까요. 만약 내 대표강점이 친절함인데 그것을 발현할 기회가 거의 없는 법조계에 종사한다면 자기능력을 발휘할 부분을 의식적으로 찾아야 합니다. 가령 돈이 없어서 변호사를 선임하지 못하는 사람들을 위해 무료로 변호를 해주는 식으로 말이죠. 로펌에서도 이런 활동을 뒷받침해 줘야 하고요. 아무리 작은 부분이라도 관심을 기울이면 자신의 대표 강점을 발휘할 부분이 조금씩은 있게 마련입니다."

특히 그는 약점을 고치기 위해 쏟는 시간과 노력을 대표 강점을 더 연마하고 활용하는 데 쓰라고 말한다. 셀리그먼 교수는 자신의 대표 강점이 학문을 연구하고 가르치는 학구열이라 매일 이것을 연마하려 노력한다고 했다.

대표 강점을 연마하는 노력은 개인뿐 아니라 기업에도 필요하다. 하버드 경영대 문영미 교수는 『디퍼런트Different』에서 많은 브랜드가 자신의 강점을 더 개발하기보다 단점을 보완하는 데 치중하다 보니 결과적으로 모든 브랜드가 비슷해지고 있다고 지적한다. 예를 들어 A라는 자동차의 장점이 안정적인 승차감이고 약점이 (운전할 때 느껴지는) 야성미가 부족하다는 점일 경우, 약점 보완에만 매달리면 A는 결국 이렇다 할 매력이 없는 차로 전락하고 만다. 경쟁사와 진정한 차별을 꾀하기 위해서는 자신이 뒤처지는 분야가 아니라 남보다 더 잘하는 분야를 더욱 개발해야 한다.

성공하는 기업은 자신의 대표 강점을 명확히 알고 그것

을 제대로 표출하는 데 주력한다. 테트라 팩은 포장 용기 분야에서 누구도 따라오기 힘든 고유의 노하우로 세계 1위 자리를 유지하고 있다. 테팔 역시 이미 자기 분야에서 세계적인 명성을 얻었지만 제품 개발과 혁신을 게을리하지 않는다.

내가 잘하는 것을 찾아 갈고닦으려는 노력은 개인의 행복뿐 아니라 기업의 존속과 발전을 위해서도 필요하다. 대표 강점을 아는 기업, 약점 보완에 매달리기보다 잘하는 것을 더욱 잘하도록 노력하는 기업, 나아가 자사만의 특화된 무언가를 찾는 기업은 많은 고객의 지지와 격려를 얻으며 성공의 길로 나아갈 것이다.

# 反

[반]

PART 2

# 기존의 가치를 뛰어넘어 성공한 혁신가들, 남다른 전략을 구사하라

1992년 어느 토요일, 집에서 TV를 보던 나는 우연히 서태지와 아이들의 역사적인 데뷔 무대를 지켜보았다. 당시 그것은 내게 엄청난 충격이었다. 서태지와 아이들은 모든 점에서 그때까지 봐온 여느 가수들과는 완전히 달랐다. 야구 모자를 눌러쓰고 축 늘어진 힙합바지를 입은 채 무대를 활보하는 그들의 모습은 당시로선 생소하기 이를 데 없었다. 발라드와 트로트 일색이던 가요계를 뒤집듯 속사포처럼 가사를 내뱉는 랩 장르도 낯설긴 마찬가지였다.

한국 가요계의 기존 공식을 뒤엎으며 등장한 서태지와 아이들은 이후 행보도 남달랐다. 메뚜기도 한철이라는 식으로 인기가 있을 때 방송에 최대한 많이 출연하는 관례를 깨고 갑자기 2집을 준비하겠다며 활동 중단을 선언한 것이다! 이들의 1집 성공을 보고 후발주자들이 너도나도 빠른 랩을 구사할 때 그들은 다시 주류를 거스르는 느릿한 갱스터 랩을 선보였다.

서태지와 아이들이 1990년대 10대들의 문화 대통령으로 군림한 이유 중 하나는 바로 남다름이었다. 그들에게는 분명하게 남다른 차별성이 있었다. 만약 그들이 노래와 춤에서 당시의 유행을 따랐다면 지금까지 회자되는 가수로 남지는 않았으리라.

남과 다른 길을 가는 것은 일종의 모험이다. 누구도 가보지 않은 길이기에 그 앞에 무엇이 놓여 있는지 알 수 없고 그만큼 위험이 따른다. 그러나 남이 손대지 않은 새로운 분야에 도전하는 것은 때로 커다란 성공을 안겨준다.

'전 세계를 하나로 연결하고 싶다'는 황당한 꿈을 꾸던 하버드 중퇴생 마크 저커버그Mark Zuckerberg는 지금 전 세계를 주름잡는 페이스북Facebook(현 메타)의 CEO가 되었다. 중국 최대의 인터넷 쇼핑몰 알리바바Alibaba의 CEO 마윈馬云은 중국에 인터넷이라는 말조차 없을 때 사업을 시작했다. 인터넷 사업이라는 듣도 보도 못한 것을 위해 고군분투하는 그를 향해 많은 사람이 제정신이 아니라고 말하기도 했다.

오늘날 혁신은 성공뿐 아니라 생존을 위해 꼭 필요한 요소다. 『세계 장수 기업, 세기를 뛰어넘은 성공Centuries of success』을 쓴 윌리엄 오하라Wiliam O'Hara는 한 세대를 30년으로 정의하고 한 세대가 지날 때마다 생존한 기업의 숫자를 조사했다. 한 세대가 끝난 뒤 다음 세대까지 살아남은 기업은 대략 30퍼센트였다. 그 중 12퍼센트가 3세대까지 살아남았고 4세대에 가면 3세대 생존 기업의 3~4퍼센트만 존속했다. 즉, 100년 이상 장수하는 기업은 손에 꼽을 정도에 불과했다.

이처럼 기업이 한 세기를 넘기기 힘든 이유는 시간이 흐를수록 혁신의 힘이 떨어지기 때문이다. 혁신은 남다른 생각, 남다른 방식을 채택하는 데서 나온다. 트로이 전쟁 당시 그리스와 트로이는 전통적인 방식으로 10년간 지지부진하게 전쟁을 이어갔다. 그 전쟁의 막을 내린 것은 전략가 오디세우스의 역발상 전략이었다. 목마 안에 병사들을 숨겨뒀다가 적군이 방심한 틈을 타 공격한 트로이의 목마 계략은 그 이전에 누구도 시도하지 않은 방식이었다.

오늘날의 기업에게 필요한 것도 이러한 전략이다. PART 2에는 남다른 방식으로 성공한 기업들의 사례가 등장한다. 어떤 기업은 존재하지 않던 새로운 범주를 만들었고 또 어떤 기업은 실험 정신과 실패를 두려워하지 않는 도전 정신으로 자기 혁신을 꾀했다. 그럼 자기만의 방식으로 남다름을 추구하며 혁신의 길을 걸어간 위대한 기업들의 이야기를 살펴보자.

콜라가 건강에 안 좋다고?

# 편견이란 깨기 위해 존재한다, 이요시 콜라

## 해로운 콜라에서 이로운 콜라로

'콜라'라는 단어를 들으면 무엇이 먼저 머리에 떠오르는가? 입 안에 청량함이 감도는 톡 쏘는 맛 외에도 아마도 많은 이들이 이 말을 떠올릴 것이다. '콜라는 건강에 안 좋다.'

사실 콜라는 전 세계인들로부터 많은 사랑을 받은 동시에 비만과 각종 성인 질환을 불러 일으키는 주범으로 비난받아 왔다. 심지어 2022년 당시 프랑스 축구팀 파리 생제르맹PSG의 감독이었던 크리스토프 갈티에Christophe Galtier는 선수들 식단 관리의 일환으로 콜라 금지령을 내리기까지 했다.

PSG의 메인 스폰서가 코카콜라였는데도 불구하고 말이다!

그런데 최근에 '콜라는 몸에 나쁘다'는 고정관념에 반기를 드는 브랜드가 등장했다. 콜라가 너무 좋아서 멀쩡한 본인 이름마저 콜라로 바꿨다는 이 브랜드의 창업자 고바야시小林 콜라는 "우리 콜라 제품은 절대 건강에 해롭지 않다. 오히려 마실수록 건강이 좋아질 거다."라고 자부했다. 그가 이토록 자신만만하게 선전한 브랜드는 현재 일본에서 크래프트craft 콜라 열풍을 이끌고 있는 이요시伊良 콜라다.

### 장인 정신으로 콜라를 만들다

젊은층에서 인기를 끌면서 이제 우리에게도 익숙한 단어가 된 '크래프트 맥주'와 달리, '크래프트 콜라'라는 말은 처음 접하는 사람들이 많을 것이다. 그런데 일본에선 몇 년 전부터 식음료 업계에서 '크래프트 콜라 붐boom'이라고 불릴 정도로 수제 콜라 인기가 뜨겁다. 일본의 커피 업체 칼디 커피 팜Kaldi Coffee Farm과 고급 식료품 프랜차이즈 세이조이시이는 2022년에 자체 수제 콜라를 선보였다. 고치 지역 감귤을 소재로 만든 '사와치나', 홋카이도 설탕이 들어간 '해질녘 콜라' 등 지역 명물 식자재를 사용한 수제 콜라도 각 지역에서 잇따라 등장하고 있다. 대표적인 기성 콜라 브랜드인 펩시조차 2022년 일본에서 수제 콜라를 출시하기도 했다. 일본 대표 경제지 《닛케이》는 이런 인기를 반영해 2023년 유행할 트렌드 가운데 하나로 크래프트 콜라를 꼽은 바 있다.

일본에서 크래프트 콜라 열풍을 처음으로 일으킨 브랜드가 바로 2018년 창업한 이요시 콜라다. 고바야시 창업자는 "대체 크래프트 콜라가 뭐냐?"라는 기자의 질문에 두 가지를 답했다.

---

첫째, 천연 재료로만 만들 것

둘째, 만드는 사람의 장인 정신이 들어가 있을 것

---

코카콜라와 펩시라는 두 개의 대기업 기성품이 세계 콜라 시장을 양분하고 있는 상황에서 '장인 정신이 깃든 콜라'라는 말은 이제껏 알고 있었던 콜라에 대한 정의를 완전히

'이요시 콜라' 창업자 고바야시 콜라 © 이요시 콜라

뒤집는 것처럼 들렸다.

콜라에 대한 참신한 역발상을 제시한 고바야시 창업자는 사실 처음부터 콜라 사업에 매진한 것이 아니었다. 홋카이도대 농대를 졸업하고 도쿄대 농대에서 석사를 딴 후 광고 회사 영업사원으로 평범한 사회생활을 시작했다. 직장인의 삶은 안정적이었지만, 지루했다. 비슷비슷한 업무의 반복이었고, 무엇보다 신입 사원에게 많은 권한이 주어지지도 않았다. 그래서 그는 회사에 대한 불만을 달랠 돌파구로 취미를 가졌는데 그 취미가 바로 콜라 제조였다.

당시엔 콜라로 개명을 할 정도까진 아니었지만, 원래도 고바야시 창업자는 콜라 마니아였다. 또래 청소년들이 그렇듯 중고교 시절 콜라를 즐겨 마셨고, 대학에 진학해 술을 마실 수 있는 나이가 됐을 때도 술잔 대신 항상 콜라병을 선택했다. 세상에 코카콜라나 펩시 말고도 다양한 콜라가 존재한다는 이야기를 듣고 이국적인 콜라를 찾아 멕시코나 동남아시아 같은 곳으로 여행을 떠나기도 했다.

그런데 어느 날 여느 때처럼 콜라를 마시다가 그는 문득 '대체 콜라는 어떻게 만드는 거지?'라는 의문이 생겼다. 그래서 온라인을 뒤지다가 우연히 100여 년 전 만들어졌다는 오리지널 콜라 레시피라는 걸 발견했다.

"그걸 보니까 그 정도면 나도 만들 수 있을 것 같다는 생각이 들었어요. 그런데 막상 만들어 보니 우리가 아는 '콜라 맛'이라고 할 만한 맛이 전혀 안 나더라고요. 그래서 이것도 넣어 보고 저것도 넣어 보고 해서 나름대로 콜라 맛을 재현하려고 해 봤죠. 일종의 '실험'이라고나 할까요."

그렇게 시작한 실험이 2년 반이나 지속됐다. 그는 그토록 집요하게 콜라 만들기에 몰입한 이유를 "콜라라는 음료 자체에 대한 로망 때문이었다."고 설명했다.

"오리지널 레시피에 따르면, 콜라는 원래 동양의 한방에 기초한 음료였대요. 그런데 나중에 그게 서양을 대표하는 음료로, 콕 집어 가리키자면 미국을 대표하는 음료로 180도 정체성이 바뀌었죠. 게다가 본래는 약제로 탄생한 음료였는데, 지금은 건강에 나쁜 음료의 대명사가 됐잖아요? 뿐만 아니라 코카콜라의 제조법은 베일에 싸여서 제조자 외엔 아무도 모른다고 하고요. 그럼에도 불구하고 다들 뭐가 들어갔는지도 모를 정체불명의 음료를 아무런 의심 없이 마시잖아요? 콜라 자체가 이렇게 역설과 수수께끼에 싸인 음료고, 그 부분이 매우 재미있다고 생각했어요."

실험 과정에서 무엇보다 어려웠던 건 천연 재료만 사용해서 콜라 맛을 내는 것이었다. 이요시 콜라는 레몬, 라임, 계피, 과일, 향신료 등이 주재료인데, 이런 천연의 조합으로 콜라 맛을 재현하는 게 제일 까다로웠다고 했다. 그런데 왜 천연 재료만 고집했냐고 묻자 우리가 알고 있는 콜라의 오리지널 레시피가 천연 재료였다는 대답이 돌아왔다. 제일 처음 콜라를 개발한 사람의 레시피에 근간을 두고 그 철학에 따라 천연 재료만 써서 우리가 알고 있는 콜라 맛을 내는 게 콜라의 오리지널리티를 구현하는 것이라고 고바야시 창업자는 생각했다.

한동안 정체돼 있던 그의 실험은 생각지도 못했던 곳에서 영감을 얻었다. 영감의 원천은 고바야시 창업자의 할아버지가 운영했던 한의원이었다. 어린 시절 자주 그곳을 드나들었던 고바야시 창업자는 한방 재료의 맛과 냄새에 익숙했다. 그래서 자신이 만든 콜라에 시험 삼아 계피나 인삼 같은 한방 재료를 가미해 봤고, 뜻밖에도 오랫동안 자신이 그렸던 콜라 맛을 마침내 구현해 낼 수 있게 됐다.

고바야시 창업자는 이처럼 아시아의 맛이 가미된 점과 천연 재료를 사용한다는 점이 이요시 콜라가 코카콜라나 펩시와 차별화되는 이유라고 말했다.

> "처음으로 콜라를 발명한 사람은 한의학을 공부한 한약 조제사였대요. 그렇다면 콜라의 뿌리는 서양이 아닌 아시아에 있는 셈이죠."

그가 만든 콜라를 맛본 사람들은 다들 맛있다고 입을 모았다. 그리고 특별하다고 말했다. 콜라는 콜라인데 우리가 아는 콜라랑은 조금 다른 맛이라는 데 대체로 의견이 일치했다. 누군가는 "우리끼리만 알고 먹기 아까운데 내다 팔아보지 그래?"라고 말했다. 그냥 듣기 좋으라고 한 말이었을 수도 있지만, 고바야시 창업자는 그걸 흘려듣지 않았다.

주중엔 직장에 다니면서 주말에는 중고 트럭 한 대를 몰고 도쿄 최대 규모 파머스 마켓인 아오야마 파머스 마켓으로 나가 콜라를 팔았다. 이때 도입한 것이 '비닐봉지 콜라'다. 동남아를 여행할 때 현지 상인으로부터 비닐봉지에 넣은 콜라를 건네받은 경험에서 따온 아이디어였다. '이거 재미있는데'라고 생각했던 기억을 떠올려 이요시 콜라에도 적용했다.

고객들의 반응은 좋았다. 판매 첫날 준비해 갔던 콜라 150개가 모조리 팔렸다. 용기를 얻은 고바야시는 매번 주말마다 트럭을 끌고 콜라를 팔러 갔고, 그때마다 손님들은 앞다퉈 콜라를 사 갔다. 내친김에 그는 아예 장사와 병행하던 회사 일을 접고 본격적으로 사업을 하기로 결심했다.

의외로 부모님은 큰 반대를 하지 않았다. 그래도 회의적인 시선을 보내는 사람들이 아주 없었던 건 아니었다.

> "'코카콜라와 펩시만으로도 콜라는 충분하잖아. 그런데 무슨 콜라 사업을 한다고 그래?' 같은 말은 많이 들었어요. 그때마다 '그래도 아직 넘버3 자리가 있잖아.'라고 대꾸했죠. 회사는 내가 아니어도 일할 사람이 많지만, 이요시 콜라를 만들 사람은 나밖에 없다고 생각했어요. 그런 근거 없는 자신감으로 사업을 밀고 나갔어요."

## 역발상이 곧 기회가 된다

'건강에 좋은 콜라'라는 역발상 콘셉트에 그치지 않고 이요시 콜라는 상식을 뒤엎는 다양한 메뉴들을 출시했다. 대표 메뉴인 콜라와 우유를 섞은 '밀크 콜라'가 그중 하나다. 우유에 탄산 맛이 살짝 섞인 제품인데, 꾸준히 사랑받는 스테디셀러로 자리 잡았다. '콜라는 얼음을 넣어서 차갑게 마신다'는 고정관념을 깨고 차茶처럼 따뜻하게 마시는 콜라는 겨울철에 특히 인기가 좋다.

하지만 한창 승승장구하던 이요시 콜라에도 위기는 닥쳤다. 바로 2020년, 전 세계를 강타한 코로나19였다. 고바야시가 매주 트럭을 끌고 나가던 파머스 마켓도 이로 인해 문을 닫았다. 그를 비롯해 푸드 트럭으로 장사하던 소규모 자영업자들의 주요 고객인 인근 오피스 직원들 발걸음도 뚝 끊겼다. 재택근무가 장려되면서 직장인들이 출근을 하지 않게 됐기 때문이다.

하지만 코로나는 이요시 콜라에 생각지도 못했던 기회를 제공했다. 코로나19 긴급 사태 발령 이후 일본의 음식점에서 오후 7시까지만 주류 제공을 허용한 게 계기가 됐다. 음식점과 술집에서 주류 판매가 금지되면서 업주들은 고객들을 유인할 수 있는 색다른 논알콜 음료를 찾기 시작했고, 입소문을 타고 이요시 콜라를 찾는 가게들이 늘어났다. 이요시 콜라로서는 새로운 판로를 찾게 된 것이다.

고바야시는 새로운 고객들을 겨냥해 기존의 봉지 콜라가 아닌 병 형태의 콜라 제품을 납품하기 시작했고, 2023년엔 캔 콜라로까지 제품군을 확대했다. 일부 전문가들은 젊은 층 사이에서 번지고 있는 '소버 큐리어스sober curious(건강을 의식해 주류를 멀리하는 현상)' 문화가 이요시 콜라의 인기 상승에 한몫했다는 분석도 나온다. 일본 주간지 《주간 신초週刊新潮》는 "미국 금주법 시대에도 주류 소비를 멀리하면 청량음료 소비가 증가하는 현상이 나타났다."면서 "(이요시 콜라를 비롯한) 크래프트 콜라 열풍은 계속 인기를 이어 나갈 것"이라고 내다봤다.

매출에 속도가 붙은 이요시 콜라는 2020년엔 도쿄 시모오치아이 본점, 이듬해엔 도쿄 시부야에 오프라인 매장도 냈다. 원칙적으로 판매량은 공표하지 않지만, 고바야시 창업자가 인터뷰 도중 밝힌 바에 따르면 2022년 11월 기준 이요시 콜라 판매량은 100만 병이 넘는다. 한국, 대만 등 아시아뿐 아니라 영국, 프랑스에도 콜라를 해외 배송하고 있다.

하지만 자타가 공인하는 '콜라 오타쿠'의 꿈은 아직도 진행 중이다. 고바야시 창업자는 이렇게 말했다.

"2028년까지 '콜라는 코카콜라 · 펩시 · 이요시'라고

도쿄 시모오치아이 본점의 이요시 콜라 매장 © 이요시 콜라

불릴 수 있도록 하는 게 목표예요. 콜라는 미국 문화라는 상식을 깨고 싶습니다. 이요시 콜라에 일본의 프라이드와 경쟁력을 담고 있는데, 이를 세계 시장에 선보이고, 도전하고 싶어요."

## 고정관념을 뒤엎는 아이디어만이 살아남는다

이미 크래프트 콜라 시장이 자리 잡은 일본에 이어 한국에서도 최근 들어 크래프트 콜라가 조금씩 등장하고 있다.

제주 서귀포 올레시장에 생긴 수제 콜라 전문점 '제주 크래프트 콜라'는 MZ 세대들 사이에서 인기를 끌면서 제주의 새로운 명소 중 하나로 자리 잡는 중이다. 이곳의 콜라는 여느 레몬보다 굵기가 굵은 제주산 레몬에 후추, 정향, 육두구 등을 첨가해 만든다. 따뜻한 콜라를 만들기 위해 매장엔 한의원에서 볼 직한 약탕기까지 구비되어 있다.

아직 대중적으로 널리 알려졌다고 하긴 어렵지만, 이런 가게들이 하나 둘씩 계속 나와준다면 한국에서도 수제 콜라 시장이 확대되는 데 도움이 되지 않을까 기대해 본다.

이요시 콜라는 우리가 당연하게 여기고 있는 것들에 의

문을 제기하고, 그것을 뒤집으려는 고바야시 창업자의 노력이 없었더라면 아마도 탄생하지 못했을 것이다. 콜라라는 말에 늘 따라붙는 '건강에 나쁜'이라는 수식어를 '건강에도 좋은'으로 바꿔 놓은 이요시 콜라는 크래프트 콜라 시장이라는 이전엔 없던 새로운 마켓 형성에도 일조했다.

요즘은 무엇을 해도 안 되는 경기 불황의 시대라고 다들 말한다. 하지만 지금 같은 때에도 조금만 시야를 넓혀 보면 기존에 없었던 새로운 제품, 새로운 시장이 얼마든지 탄생하고 소비자들로부터 사랑받을 수 있다는 사실을 깨닫게 된다. 아니, 오히려 지금 같은 불황기일수록 남들과 똑같지 않은 것, 사람들이 가진 고정관념을 뒤집는 아이디어만이 살아남을 수 있다고 해도 과언은 아닐 것이다.

콜라에 대한 기존 관념을 뒤엎은 이요시 콜라는 크래프트 콜라 시장이라는 새로운 시장을 연 주춧돌 역할을 했다. 이건 비단 콜라에만 국한되는 얘기가 아닐 것이다. 우리의 일상생활 속엔 아직도 깨질 수 있는 선입견과 고정관념이 무궁무진하게 존재한다. 그걸 깨는 제품과 브랜드가 앞으로도 계속 등장한다면 그만큼 우리의 소비 시장도 더욱 다양해지고, 넓어질 것이다.

새로운 카테고리를 창조하다

# 이전에 없던 것을 만들어 낸 태양의 서커스, 조 말론 런던

## 우리는 남들이 상상하지 못한 것을 만든다

캐나다 퀘벡주에 있는 서커스단 '태양의 서커스Cirque du Soleil'는 인시아드INSEAD 경영대학원 김위찬 교수와 르네 마보안Rene Mauborgne 교수의 《블루오션 전략Blueocean strategy》에 소개되며 한국에서 유명해졌다.

과거의 서커스는 곰이나 말 같은 동물이 조련사의 지시에 맞춰 재주를 넘고 광대가 나와 곡예를 보여 주는 정도로 인식됐지만, 태양의 서커스는 그러한 틀 자체를 아예 뒤집어 버렸다.

태양의 서커스를 처음 만든 사람은 길거리에서 불을 뿜는 공연을 하던 거리 예술가 기 랄리베르테Guy Laliberte로, 그는 기존에 서커스의 주역이던 동물을 쇼에서 완전히 배제했다. 동물의 사료값과 훈련 및 유지비가 서커스단이 고질적으로 적자를 면치 못하게 만드는 주요 요인이었기 때문이다.

태양의 서커스 공연 장면들 © Cirque du Soleil

대신 그는 사람들이 이전까지 시도하지 않던 것을 서커스 공연에 넣었고 이에 고도로 정제된 곡예 기술과 음악, 화려한 의상 및 춤, 무대 장치가 어우러진 '종합 공연 선물 세트'가 탄생했다. 한마디로 이것은 예술 서커스였다.

2014년 나는 태양의 서커스의 당시 CEO였던 다니엘 라마르Daniel Lamarre를 만나러 가기 전 공연 '쿠리오스kurios'를 보러 갔다. 마침 30주년을 맞이한 태양의 서커스는 그동안 한국에서도 여러 차례 공연을 펼쳐 널리 알려져 있었다. 이후 '카발리아cavalia'등 태양의 서커스처럼 예술 서커스를 표방하는 서커스단이 우후죽순 생겨났다. 김위찬 교수의 주장대로라면 블루오션을 여는 데 성공한 태양의 서커스는 이제 수많은 추종자와 경쟁 업체로 인해 레드오션의 영역 안에 들어간 듯했다.

그러나 쿠리오스를 보고 난 뒤 나는 그것이 괜한 기우에 불과했다는 사실을 깨달았다. 두 시간 넘게 진행된 공연은 시종일관 놀라움의 연속이었다. 무대 디자이너 스테판 로이가 공연을 공개하기에 앞서 "쥘 베른Jules Verne의 공상 과학 소설과 토머스 에디슨의 발명품이 결합된 공연을 연출하려 했다."라고 한 말이 무대에 그대로 드러났다.

가로 4.6미터, 세로 2.1미터에 무게 340킬로그램짜리 자동 시계 장치와 재활용 철제를 녹여 만든 높이 3.5미터의 의자 등은 마치 거대한 공상 과학 영화의 세트장 같은 느낌을 주었다. 여기에다 몽환적이고 나른한 음악, 난쟁이와 몽상적인 과학자 등『이상한 나라의 앨리스』에 등장할 법한 기괴한 캐릭터가 조화를 이루면서 독특한 분위기를 자아냈다. 무대 천장 부근에 설치한 줄에서 자전거를 타거나 광대가 곤봉을 돌리는 고전 서커스의 레퍼토리는 하늘을 둥둥 떠다니는 테이블, 천장에서부터 바닥을 향해 거꾸로 쌓아 올린 테이블 등 독특한 무대 장치와 어우러져 새로운 미학을 창조했다. 형광색 옷을 입고 등장한 곡예사들이 연체동물처럼 묘하게 흐느적거리면서 바다 속 해초의 너울거림을 표현할 때는 서커스가 아닌 순수 표현 예술을 보는 것 같았다.

태양의 서커스는 자신들이 처음 개척한 블루오션 안에 머물지 않고 끊임없는 혁신으로 또 다른 블루오션을 창조하고자 노력하는 것으로 유명하다. 실제로 CEO 라마르는 태양의 서커스가 예술 서커스라는 단어에 얽매이기를 거부한다.

> "쿠리오스를 본 사람들에게 '공연을 한마디로 묘사해 보세요.'라고 주문하면 아마 대답을 듣기가 무척 어려울 겁니다. 태양의 서커스 공연은 이미 서커스의 영역을 벗어났으니까요. 우리의 공연은 연극도, 뮤지컬도 아니에요. 누군가에게 우리의 공연을 소개해야 한다면 그저 '태양의 서커스 공연은 태양의 서커스 공연이야.'라고 말할 수밖에 없습니다."

그의 말처럼 태양의 서커스는 특정한 한 장르로 분류하

기보다 차라리 공연의 중심 소재에 따라 구분하는 것이 쉬울 정도다. 라스베이거스의 대표 공연으로 물을 소재로 한 '오o 쇼,'나 불을 소재로 한 '카ka 쇼'처럼 말이다.

태양의 서커스에는 비틀스나 마이클 잭슨처럼 유명 음악가의 음악을 소재로 한 공연도 있다. 또 세계적인 거장 제임스 캐머런James Cameron 감독과 손을 잡고 영화 「아바타」를 무대로 옮겨놓은 '아바타 토룩Toruk-The First Flight' 공연도 많은 사람들에게 호응을 받았다. 이 중 어느 작품도 단순히 서커스라고 이름 붙이기는 어렵다. 그러면 태양의 서커스는 자신들이 하는 업業을 무엇이라고 정의할까? CEO 라마르의 대답은 명쾌했다.

> "누구도 상상할 수 없던 것을 만들어 내는 거죠. 그것을 통해 태양의 서커스의 토대가 된 예술 서커스를 더 넓은 범주로 확장해 가는 중입니다."

## 틀을 뛰어넘는 혁신은 자유에서 나온다

매번 새로움을 보여 주는 이곳의 저력은 어디에서 비롯

되는 걸까? 가장 중요한 것은 우수한 인재다. 태양의 서커스에는 전 세계 각지에서 보내온 다양한 DVD가 가득하다. 입사 지원자들이 서류와 함께 기예나 춤 등 자신의 특기를 촬영한 DVD를 보내 오기 때문이다. 회사 데이터베이스에 등록된 것만 해도 5만 건이 넘는다. 그 많은 자료 중에서 태양의 서커스는 언제나 최고만을 가려낸다. CEO 라마르는 이들을 가리켜 '별 다섯 개짜리 기술자'라고 표현했다.

> "우리는 인재를 영입할 때 인간이 할 수 있는 극한의 기술과 묘기가 가능한지를 염두에 둡니다. 태양의 서커스에는 체조선수 등 전직 운동선수가 많이 찾아옵니다. 그들을 가려내는 가장 중요한 기준이 바로 앞서 말한 원칙이에요. 그 점에 입각해 인재를 뽑은 다음 그들을 아티스트로 훈련시킵니다. 올림픽 금메달리스트도 스포츠 선수일 뿐 무대에서 감정을 전달하는 배우는 아닙니다. 그래서 뛰어난 운동선수를 가려낸 뒤 트레이닝을 통해 배우로 탈바꿈시키는 과정이 꼭 필요하지요."

태양의 서커스를 이끄는 또 다른 축은 창의적 에너지다.

태양의 서커스 직원들은 과거 쓰레기 매립지를 개간해서 지은 퀘벡의 본사 건물을 본사가 아닌 크리에이티브 센터라고 부른다. 회사 건물에서 하는 주요 활동이 창의적 아이디어를 발견하는 일이기 때문이다.

거리의 예술가들이 새로운 아이디어로 만든 조직인 이곳은 현재 연매출이 1조 원에 가까운 대기업이다. 그들은 여전히 창업 초기의 창의성을 이어가고 있는데 이를 가능케 하는 것은 바로 자유로운 분위기다. 직원들은 누구나 거리낌 없이 아이디어를 건의할 수 있고 회의 시간에는 계급장을 뗀 난상토론이 벌어진다.

여기에 한술 더 떠서 CEO 라마르는 직원들의 똘끼craziness를 장려한다고 말했다.

> "창의적이려면 약간의 똘끼가 필요합니다. 만약 우리가 지극히 따분한 사람들이라면 우리의 쇼도 마찬가지일 겁니다. 지루한 쇼를 좋아하는 사람은 없지요. 우리는 우리를 평범하게 만드는 지루한 요소와 맞서 싸워야 해요."

이를 위해서는 약간 비정상적인 부분 혹은 미치광이 같

트레이닝하는 아티스트들 © Cirque du Soleil

은 면모가 필요하다. 그래서 그런지 태양의 서커스에는 다른 조직에서 볼 수 없는 특별한 직원이 있는데 바로 광대다. 말 그대로 광대 복장을 한 직원들이 건물의 이곳저곳을 돌아다니며 우스꽝스러운 행동으로 동료 직원들에게 웃음을 안겨준다. 자칫 딱딱해지기 쉬운 프레젠테이션이나 회의 시간에 광대가 회의실 문을 열고 들어와 장난을 치면 분위기가 한층 누그러진다. CEO 라마르는 "바로 그럴 때 가장 좋은 아이디어가 떠오른다."고 말한다.

> "우리는 아이디어가 누구에게서 나왔든 전혀 개의치 않아요. 제게서 나온 것이든 회사 정문을 지키는 보안 요원에게서 나온 것이든 모든 아이디어는 평등한 취급을 받습니다."

처음 라마르 CEO를 인터뷰한 뒤 태양의 서커스는 부침을 많이 겪었다. 2015년 미국 사모펀드 TPG캐피털과 중국 푸싱復星그룹이 회사를 공동 인수했고, 몇 년 뒤 코로나19가 절정에 달했던 2020년엔 이미 예정돼 있던 전 세계 44개 공연을 모조리 취소해야 했다. 회사는 직원의 95%를 내보내고, 파산 보호 신청을 했을 정도로 위기에 몰렸다. 그럼에도 태양의 서커스는 극적으로 회생해 2022년과 2023년 '뉴 알레그리아'와 '루치아'로 2년 연속 한국을 찾았다.

2022년 나는 다시 한 번 라마르 CEO를 인터뷰할 기회가 있었다. 이때 그는 '부회장'으로 직함이 바뀌어 있었지만, 여전히 태양의 서커스에서 핵심적인 역할을 담당하고 있었다.

라마르 부회장은 "많은 이가 위기 상황에서 태양의 서커스가 헐값에 팔릴 것으로 예상했다. 하지만 태양의 서커스를 인수했던 금융사는 우리 브랜드의 힘을 믿었고, 미래가 낙관적일 것이라고 생각했다."고 했다.

덕분에 회사가 유지됐고, 코로나가 진정 국면에 접어들자 회사는 다시 전 세계에 뿔뿔이 흩어진 직원들을 불러 모았다. 놀랍게도 태양의 서커스 소속 아티스트들은 부득이하게 공연을 쉬어야 했던 기간에도 계속 자체적으로 훈련을 하고 있었다. 덕분에 매우 빠른 시일 내에 단원들이 몸을 만들고, 새로운 쇼를 올릴 수 있었다.

라마르 부회장은 "우리는 직원들과 매우 긴밀한 유대 관계를 맺고 있었다. 어쩔 수 없이 내보내야 했던 직원들에게 다시 연락하자 많은 이가 심지어 다른 곳에 취업한 이들조차 기꺼이 다시 합류하겠다며 돌아왔다."고 했다.

태양의 서커스가 부활할 수 있었던 것은 새로운 것을 만들어 내고자 하는 직원들의 뜨거운 열정, 그리고 그 열정이 만들어 낸 브랜드의 힘 덕분이었다. 라마르 부회장의 말대로 태양의 서커스는 위기 상황 속에서도 자신이 가진 브랜드의 가치로 다시 일어설 수 있었다.

남과 다르게 생각하는 것은 새로운 분야를 개척하기 위해 노력하는 모든 기업이 제1순위로 꼽는 일이다. 생각을 바꾸지 않으면 가시적인 변화는 절대 일어나지 않는다. 과거와 다른 독특한 시각, 이전과 다른 것을 과감하게 시도하는 실험 정신이 변화를 낳는 법이다.

참신한 발상, 생각의 변화는 태양의 서커스처럼 자유롭고 유연한 환경에서 나온다. '왜 우리 조직에서는 혁신적인 아이디어가 나오지 않는가'라고 고민하는 기업이라면 남과 다르게 생각하기에 적절한 분위기가 조성돼 있는지부터 돌아봐야 할 것이다.

## 니즈를 충족시키는 대신 새로운 니즈를 만든다

태양의 서커스가 고정관념을 깨고 블루오션을 개척했다면 영국의 고급 향수 회사 조 말론 런던Jo Malone London은 '향수를 섞어 나만의 고유한 향을 만든다.'는 새로운 발상으로 향수 시장의 새로운 강자로 떠오른 기업이다.

세계에서 가장 유명한 향수는 아마 '샤넬 No. 5'일 것이다. 이것은 할리우드의 섹시 스타 마릴린 먼로Marilyn Monroe가 "잘 때는 샤넬 No. 5만 입고 자요."라고 말하면서 유명해진 향수다. 샤넬의 창시자 코코 샤넬Coco Chanel은 "향수를 뿌리지 않는 여자에겐 미래가 없다."고 말한 바 있다. 지금도 트렌드에 밝은 사람들은 자기 고유의 향기를 패션을 완성하는 서명signature으로 여긴다.

하지만 수많은 종류의 향수 중에서 자기 고유의 개성을 표현해 주는 향수를 찾기란 쉽지 않다. 귀찮다고 마구잡이로 이 향 저 향을 섞어 쓰다가는 이상한 향이 되어버리기 일쑤다. 여기에서 착안한 향수 기업 조 말론 런던은 '여러 향을 배합해 오직 나만의 향수를 만들어 쓰는 방법'을 모색하기 시작했다. 여러 향을 섞어서 나만의 향기를 디자인한다는 발상이 '섞어서 쓰는 향수'라는 새로운 사업 범주를 만들어 낸 것이다.

비단 향수뿐이 아니다. 향초나 실내 방향제에도 '향 조합TMFragrance CombiningTM'이라는 조 말론 런던의 기본 콘셉트는 그대로 유지된다. 소비자는 다양한 향초와 방향제를 이용해 방마다 다른 향기를 내게 하거나 결혼식 혹은 생일 파티 때 분위기에 맞는 개성적인 향을 만들 수 있다.

조 말론 런던은 고객이 자신의 개성과 공간의 용도 및 행사 분위기에 가장 적절한 향을 찾아내도록 고객 맞춤 컨설팅 서비스도 하고 있다.

DIYDo It Yourself(스스로 만들다) 향수라는 발상도 독특하지만 제품 자체도 톡톡 튀는 것이 많고 무엇보다 아이디어의 원천이 다양하다. 비 냄새, 해변의 짭조름한 냄새, 신부의 웨딩드레스에서 은은하게 풍기는 실크 냄새 등 조 말론 런던의 향수 목록에는 경쟁 업체에서 보기 힘든 향이 많이 들어가 있다. 영국 브랜드답게 영국적인 전통에서 아이디어를 얻은 것도 있다. 예를 들어 '화이트 자스민 앤 민트White jasmine and mint'는 햇살이 가득한 영국의 아침 정원에서, '얼 그레이 앤 큐컴버Earl grey and cucumber'는 최고급 찻잔에 담겨 나온 얼 그레이 홍차와 영국인이 차에 곁들여 먹는 오이(큐컴버)를 넣은 샌드위치에서 따왔다.

조 말론 런던의 향수는 다양한 향이 충돌하지 않고 자연스럽게 어우러지면서 제3의 향을 내도록 고안되었다. 2023년 3월까지 조 말론 글로벌 사장을 역임한 장-귀욤 트로티에Jean-Guillaume Trottier는 이를 '향기의 건축'이라고 일컫는다.

> "우리 제품들의 향기 구성 자체는 매우 단순합니다. 그렇기 때문에 다른 향과 잘 어우러지지요. 아예 개발 단계부터 다른 향과의 조합을 염두에 둡니다. 그래서 제품 개발에 시간이 더 걸립니다. 그저 하나의 향기를 완성하면 끝나는 게 아니라 새로운 향이 기존의 다른 향들과 잘 어우러지는지, 제대로 조화를 이루는지 고려해야 하니까요."

트로티에 사장은 "아무리 향이 좋아도 다른 제품과 잘 배합될 거라는 확신이 없으면 새로운 향을 출시하지 않는다."고 말했다. 대신 그들은 개발 단계로 돌아가 콘셉트 설정부터 다시 시작한다. 조 말론 런던의 한 가지 특이한 점은 여느 회사처럼 소비자를 대상으로 한 마케팅 리서치를 하지 않는다는 것이다. 그 이유는 조 말론 런던의 목표가 고객을 놀라게 하는 것이기 때문이다. 이들의 목적은 고객의 니즈를 충족시키는 것이 아니라 새로운 니즈를 만들어 내는 데 있다. 아무도 향기를 배합해서 쓰는 개념을 생각해 내지 못했을 때 조 말론 런던이 그런 향수를 출시해 새로운 수요를 창출한 것처럼 말이다.

언젠가 스티브 잡스는 이런 말을 한 적이 있다.

> "고객은 자신이 무엇을 원하는지 모른다. 우리가 뭔가 놀라운 것을 만들어서 시장에 출시하기 전까지는."

잡스가 제품 개발 단계에서 일일이 소비자 반응을 확인하지 않았 듯 조 말론도 그와 유사한 전략을 구사한다. 그러나 고객이 원할 것이라고 생각하는 제품을 만드는 데는 고민이 따르게 마련이다. 조 말론 런던은 대체 어떻게 하는 걸까? 트로티에 사장의 얘기를 들어 보자.

> "우리는 우리가 원하는 것을 만들어요. 우리 역시 소비자니까요. '아니, 왜 이런 건 없는 거지? 이러저러한 제품이 있으면 참 좋을 텐데.'라는 생각이 들면 기존에 없던 것을 만듭니다. 물론 이러한 태도는 때로 위험합니다. 하지만 우리가 만드는 것이 창조적이고 그 누구도 예상하지 못한 것이라면 크게 성공할 수 있습니다. 우리는 회사가 소비자의 기호를 일일이 물어보고 거기에 맞추는 방식보다 우리의 정체성과 우리가 무엇을 만들고 싶은지에 집중합니다."

조 말론 런던의 참신한 발상은 그 시작이 '남'이 아니라

'나'에 있다. 내가 갖고 싶은 것과 내 이야기에 집중할 때 새로운 것이 나온다는 믿음이 정말로 새로운 사업, 새로운 범주를 만들어 낸 것이다.

## 소비자에게 주도권을 넘겨라

조 말론 런던은 회사가 제품을 만들어 고객에게 일방적으로 제공하는 기존의 방식 대신 맞춤화를 통해 고객이 생산에 참여하도록 주도권을 부여했다. 트로티에 사장을 만나기 전 나는 런던 도심의 코벤트 가든에 있는 조 말론 런던의 향수 부티크를 찾았다. 그곳에서는 고객들이 100여 가지가 넘는 향수를 하나씩 테스트하면서 자신에게 가장 적절한 조합을 찾고 있었다.

고객 한 명이 몇 종류의 향수를 뿌려 향기를 맡아 본 다음 곁에 있는 직원에게 "이 그레이프 프루트 향기가 마음에 드는데 어떤 향을 섞어 쓰면 좋을지 추천해 주실래요?"라고 말했다. 직원은 "지금은 날씨가 더우니까 상쾌한 느낌을 원한다면 레몬 향이 나는 제품을 권하고 싶어요. 혹시 꽃 향기를 좋아한다면 그쪽 계열의 제품을 추천해 드릴 수도 있고

요."라며 진열대에서 네다섯 가지 종류의 향수를 가져왔다. 한동안 이 향수, 저 향수를 섞어 가며 향기를 맡아 보던 고객은 향수 세 가지를 골라 계산대로 향했다.

『진정성의 힘』에 따르면 경제가 농업 경제에서 체험 경제로 발전하면서 공급자가 제공하는 재화도 상품(가축, 농산품 등 자연에서 추출한 산출물)에서 제품(상품을 재료로 만든 물품)으로 넘어가고 이후에는 서비스, 체험, 변용의 순으로 진화한다고 한다. 이때 한 단계에서 다음 단계로 넘어가게 하는 원동력이 바로 맞춤화다.

남과 다른 것을 두려워하면서도 또 한편으로는 '나는 특별해'라고 말하고 싶은 것이 인간의 모순된 감정이다. 맞춤화 서비스는 너무 많은 선택지 앞에서 자신만의 개성을 추구하고자 하는 소비자의 이러한 심리를 자극한다. 그리고 조 말론 런던은 맞춤화를 효과적으로 이용한 대표적인 기업이다.

트로티에 사장은 세계적인 경기 불황 속에서도 조 말론 런던이 매출에 타격을 받지 않은 까닭은 맞춤화라는 틈새시장을 노린 덕분이라며 이렇게 덧붙였다.

> "개인화와 맞춤화는 향수뿐 아니라 다른 제품, 심지어 자동차에도 적용됩니다. 우리는 모두 자신이 특별

> 한 사람이길 원하고 다른 사람과 조금은 달라 보이길 기대합니다. 더구나 지금은 글로벌화로 전 세계가 거대한 매트릭스 안에 있는 것처럼 다른 나라와 시공간을 초월해 연결돼 있습니다. 그러므로 틈새시장을 노리는 회사는 개인의 개성을 드러내려는 강렬한 욕망과 글로벌화 덕택에 좀 더 넓은 시장으로 쉽게 진출해서 크게 성장할 수 있습니다."

태양의 서커스와 조 말론 런던은 전혀 다른 사업 분야에 속해 있고 주요 타깃도 다르지만 두 회사에는 한 가지 공통점이 있다. 그것은 누구도 생각지 못한 것을 새로 만들어 냈다는 점이다.

물론 경쟁사의 제품보다 약간 더 나은 기능, 비슷하면서도 조금 더 나은 서비스를 제공하는 것도 중요하지만 그처럼 소극적인 발전은 언젠가 한계에 다다르게 마련이다. 반면 아무도 생각하지 않은 새로운 길을 개척하면 누구도 쉽게 따라오기 힘든 입지를 다질 수 있다.

태양의 서커스와 조 말론 런던은 새로운 길을 개척해 단숨에 블루오션 업계의 선두주자로 자리매김했으나 새로운 시장 개척자라는 타이틀에 안주하지 않았다. 오히려 끊임없이 혁신하고 새로운 아이디어를 창출하면서 여전히 또 다른 블루오션을 만들어 내기 위해 노력하고 있다.

이것이 그들의 성공 요인이자 포화 시장에서 생존하기 위해 고군분투하는 여러 기업이 배워야 할 경영 노하우다.

# 역발상의 달인인 오토코마에 두부, 잇 저스트

## 남자다운 두부, 안 될 것 없지

밥상에 자주 올라오는 두부를 연상할 때 우리는 으레 하얗고 네모난 모양을 떠올린다. 혹시 원형, 타원형, 삼각뿔 모양의 두부를 생각해 본 적 있는가? 아마 없을 것이다. 그렇다면 물컹하고 특별한 맛도 나지 않는 두부를 두고 '남자답다.'고 생각한 적은? 더더욱 없을 것이다.

세상에 당연한 것은 없다는 것을 증명하듯 우리의 선입견을 와장창 깨뜨린 사람이 있다. 그는 바로 2006년 《니케이 트렌드》가 '일본 최고의 히트 상품 10선'에 선정한 오토코마에男前 두부의 창업자 겸 사장인 이토 신고伊藤信語다. 대학에서 경영학을 배운 그는 졸업 후 아버지가 경영하는 작은 두부 회사에 취업했다. 당시 그가 고민한 문제는 '명색이 두부 회사인데 왜 두부를 만드는 사람이 없는가.'였다. 직원들의 주요 업무는 공장에서 생산한 두부를 유통업체에 납품하는 것이었다. 신상품이라고 해봐야 유통업체가 요구할 때마다 같은 내용물을 포장지나 용기만 교체해 주는 게 고작이었다.

이러한 회사 운영 방식에 실망한 그는 직접 오토코마에('남자답다'는 뜻)라는 두부 회사를 차렸다. 초등학교 시절 좋아하는 여자아이가 생긴 이토 사장은 학교에 가기 전에 샤워를 하고 나오면서 곱게 가르마를 타곤 했다. 우연히 이 모습을 본 부모님은 "오우, 오토코마에(남자다운데)!"라며 놀렸다. 이토 사장은 그때의 느낌을 제품에 담고 싶었다고 한다.

포장 용기에는 굵고 촌스러운 글씨체의 '남男' 자와 함께 1970년대 미국 록밴드에나 나올 법한 빳빳하게 머리카락을 세운 남자 캐리커처를 넣었다. 그리고 '두부 = 네모'라는 상식을 깨기 위해 동그란 두부, 길쭉한 소시지 모양 두부, 오각형 두부 등 온갖 형태의 두부를 출시했다. 막 굳힌 두부를 올챙이 모양 국자로 떠서 비닐봉지에 넣고 딸기용 플라스틱 팩에 담은 것도 오토코마에 두부만의 참신한 아이디어다.

오토코마에 두부 제품들 © Otokomae Tofu

그뿐 아니라 보통 300~400그램인 두부를 600그램으로 늘린 대용량 두부 제품도 내놓았다. 바이어들이 "이렇게 큰 두부를 누가 먹어요?"라며 타박하자 그는 맛있는 음식은 배부를 때까지 먹고 싶은 법이고, 다 먹지 못하면 다음 날 미소시루(일본식 된장국)에 넣어도 좋으니 문제될 게 없다고 했다.

남자다운 두부라는 역발상이 낳은 오토코마에 두부는 출시 2년 만에 55억 엔의 매출을 달성했고, 레드오션에 속하는 일본 두부 시장에서 차별화로 성공한 대표 사례로 손꼽히고 있다.

우리가 늘 사용하는 사물에 대한 관점을 뒤집어 성공한 기업은 또 있다. '왜 화장지는 항상 하얀색이어야 하지?'라는 의문을 던진 포르투갈의 화장지 회사 레노바Renova는 빨간색, 파란색, 노란색, 하늘색 등 다양한 색상의 화장지를 만들었다. 레노바 홈페이지의 소개글은 '세상에서 가장 섹시한 화장지The sexiest paper on earth'다. 처음에는 주변에서 '대체 누가 화장실에서 빨간 화장지를 쓰겠어?'라고 걱정했지만 작은 소품에서도 차별화를 꿈꾸는 개성 강한 소비자들이 점점 레노바의 독특한 화장지를 찾기 시작했다. 미국의 유명 가수 비욘세Beyonce는 빨간색 화장지, 「슈퍼스타K」의 원조 격인 미국의 인기 프로그램 「아메리칸 아이돌American Idol」의 독설가

심사위원 사이먼 코웰Simon Cowell은 검은색 화장지 애호가로 알려져 있다.

때로 역발상은 불가능해 보이는 일도 가능하게 만든다. 눈이 오지 않는 사막에서 스키를 타는 모습을 상상해 본 적 있는가? 아랍에미리트에서는 그런 꿈같은 일이 가능하다. 두바이에 있는 쇼핑몰 '몰 오브 에미리트Mall of Emirates' 안에는 6000톤에 달하는 인공 눈을 뿌려 만든 축구장 세 개 크기의 실내 스키장이 있다. 두바이의 더운 날씨에 지친 부호와 관광객들은 85미터 높이의 인공산 아래 400미터짜리 슬로프까지 갖춘 이곳에 와서 스키를 타며 잠시 더위를 식힌다고 한다. 사막에서 스키를 탄다는 기발한 발상 덕분에 몰 오브 에미리트는 《포브스》가 선정한 '세계 최고의 쇼핑몰'에도 이름을 올렸다.

## 남과 다른 전략을 채택하라

기원전 4세기, 동방 원정에 나선 알렉산드로스 대왕은 옛 터키 땅 프리기아Phrygia에서 고르디우스 왕이 만든 '고르디우스의 매듭Gordian knot'에 관한 전설을 들었다. 그는 매듭을 푸는 사람이 아시아를 정복할 것이라는 전설에 호기심을 보였고 그때까지 누구도 풀지 못한 매듭을 한 방에 풀어버렸다. 알렉산드로스는 고정관념에 얽매여 매듭을 풀려고 끙끙대지 않고 자기 방식대로 단칼에 그것을 잘라버린 것이다.

어려운 도전 과제에 남과 똑같은 방법, 똑같은 전략으로 임하면 결국 남과 똑같은 결과물밖에 얻지 못한다. 남다른 결과를 원한다면 남과 다른 길을 가야 하는데 이때 필요한 것이 나만의 방법, 나만의 전략이다.

한국에도 경쟁 업체와 다른 전략을 선택해 주목을 받는 곳이 몇 군데 있다. 서울 강남 테헤란로에 있는 파크 하얏트 서울Park Hyatt Seoul은 여느 호텔과 달리 로비가 꼭대기 층인 24층에 있다. 1층에 도착한 고객은 직원의 안내를 받아 24층 로비로 이동한 뒤 이곳에서 전망을 즐기며 체크인을 한다. 이 호텔이 꼭대기 층을 로비로 만든 것은 가뜩이나 주변이 복잡한데 1층에 로비를 두면 유동 인구 중 일부가 로비를 이용하면서 더욱 번잡해질 거라는 이유에서였다.

그런가 하면 LG전자는 고정관념을 뒤집어 러시아에 에어컨을 파는 미션에 도전해 성공했다. 흔히 추운 러시아에서는 에어컨이 필요 없을 거라고 생각하지만 러시아에도 1년 중 약 45일의 여름이 있다. 더구나 추운 날씨에 익숙한 사람일수록 더운 날씨를 더 견디기 힘들어 한다. 러시아인이 더위에 익숙하지 않다는 점을 집중 공략한 LG전자는 러시아 에어컨 시장을 35퍼센트나 점유했다.

## 신사업 개척의 원동력이 되는 역발상

역발상이란 남들이 당연하다고 생각하는 것을 뒤집거나 경쟁사가 미처 알아차리지 못한 것을 발상의 전환으로 간파하는 것을 말한다. 새로운 생각의 탄생, 생각의 전환은 때로 신사업 분야 개척으로 이어진다.

실리콘 밸리의 식품 벤처 기업 잇 저스트Eat Just의 창업자이자 CEO인 조시 테트릭Joshua Tetrick은 아메리카 대륙을 탐험한 콜럼버스 이래 달걀을 가장 창의적으로 활용한 인물이다. 콜럼버스가 달걀의 한 쪽을 깨뜨려 테이블에 똑바로 세웠다면, 그는 닭 없이 달걀을 만들었다. 아니, 한 술 더 떠 달걀 없이 콩 단백질만으로 마요네즈와 스크램블 에그까지 만들었다. 작지만 무섭게 성장하고 있는 이 기업은 마이크로소프트를 창업한 빌 게이츠Bill Gates와 아시아의 최고 부자 리카싱李嘉誠 등 억만장자의 관심을 한 몸에 받고 있다.

과거 미시건 대학 로스쿨을 마친 테트릭 CEO는 미지의 세계에 대한 호기심을 안고 아프리카로 향했다. 그리고 그는 7년간 케냐와 라이베리아에서 임시 교사, 라이베리아 정부 투자법 재정 자문 등의 일을 하며 식량 문제에 눈을 떴다. 비용이 많이 드는 현재의 식량 생산 방식과 유통 시스템을 바꿔 미래의 식량 부족 문제를 해결할 생각을 한 것이다.

그가 주목한 식품은 바로 달걀이었다. 전 세계인의 식탁에 빠짐없이 올라가는 필수품이 달걀이기 때문이다. 그는 이런 의문을 품었다. '왜 꼭 닭이 달걀을 낳아야 하지? 달걀을 직접 만들 수는 없을까?'

테트릭 CEO는 생명공학자들의 도움을 받아 1500종이 넘는 식물 원료를 추출한 끝에 인공 달걀 '저스트 에그Just Egg'를 개발했다. 뒤이어 마요네즈의 주원료인 달걀노른자 대신 식물 추출 단백질을 사용해 달걀 없이 마요네즈도 만들었다.

테트릭의 아이디어는 즉각 쟁쟁한 투자자들의 관심을 끌었다. 홍콩의 청쿵그룹 리카싱 회장이 1550만 달러를 투자했고 빌 게이츠, 페이팔의 공동 창업자 피터 틸Peter Thiel, 야후의 공동 설립자 제리 양Jerry Yang, 페이스북의 공동 창업자 에두아르도 새브린Eduardo Saverin 등도 이 회사에 투자했다.

이 회사가 투자자들의 주목을 받은 이유는 단순했다. 저스트 에그는 콜레스테롤이 없고 조류인플루엔자AI나 살모넬라 같은 질병에서 자유로우며 달걀 알레르기가 있는 사람과 우유 및 달걀조차 먹지 않는 극단적 채식주의자도 먹을 수 있기 때문이다. 더구나 생산비도 닭이 낳은 달걀에 비해 18퍼센트 정도 저렴해 이 달걀로 빵이나 쿠키, 마요네즈를 저렴하면서도 건강에는 더 좋게 만들 수 있다.

조리법도 간편하다. 폭신한 스크램블이나 오믈렛 등을 만들려면 프라이팬에 저스트 에그의 액상형 제품을 붓기만 하면 되고, 사각형 고체 타입 제품을 전자레인지나 토스트기에 데워 샌드위치에 끼워 넣으면 근사한 에그 샌드위치가 완성된다.

테트릭 CEO는 누구도 하지 않은 생각 혹은 누군가는 생각했지만 감히 실행하지 못한 것을 실천해 좋은 성과를 냄으로써 새로운 발전 가능성을 보여 주고 있다. 어떻게 하면 그처럼 기발한 생각을 떠올릴 수 있을까? 창의성의 시대에 어떻게 해야 역발상으로 기업을 새로운 세계로 인도할 수 있을까? 평범한 사람들에게도 그런 일이 가능한 걸까?

저스트 에그로 만든 달걀 요리와 제품 © Just Egg

## 사고를 가두는 생각의 틀에서 벗어나라

고정관념과 관련해 많은 사람이 알고 있는 이야기 한 토막이 있다.

> 한 남자가 차를 몰고 가다가 어린아이를 치었다. 차에서 내려 아이를 본 그는 머리카락을 쥐어뜯으며 절규했다.
>
> "아니, 내 아들이잖아!"
>
> 남자는 서둘러 아이를 차에 태우고 급히 병원으로 향했다. 아이를 수술실로 옮기려던 응급실 의사는 아이를 보더니 깜짝 놀라 소리쳤다.
>
> "아니, 내 아들이잖아!"

대체 이 응급실 의사는 누구일까? 이 이야기를 들은 많은 사람이 응급실 의사가 양아버지라느니, 여기서 출생의 비밀이 밝혀졌다느니 하면서 이런저런 의견을 내놓았다. 하지만 의사는 바로 아이의 엄마였다. 이 이야기가 떠돌던 20여 년 전만 해도 의사는 당연히 남자라는 생각이 지배적이라 많은 사람이 의사가 누구인지 알아맞히지 못했다.

지금은 좀 달라졌을까? 우리의 생각이 20년 전, 10년 전과 완전히 달라졌다고 자신할 수 있을까? 기술이 빠르게 진보하면서 사람들이 얻는 정보량은 이전에 비해 엄청나게 늘어났지만 여전히 많은 경영자가 이전과 동일하게 창의성과 혁신적인 사고방식을 강조한다. 이에 대해 프랑스 에콜 센트랄 파리Ecole Centrale Paris의 교수이자 보스턴 컨설팅 그룹(BCG) 파리 사무소의 뤼크 드 브라방데르Luc de Brabandere 수석 고문은 "새로운 아이디어를 도출하려면 우리의 사고를 지배하는 상자에서 벗어나야 한다."고 조언한다.

글로벌 기업의 고위 임원들을 대상으로 비즈니스 혁신 워크숍을 진행하는 그는 역발상, 창의성, 새로운 아이디어를 창출하기 위해 생각을 지배하는 상자 혹은 고정관념의 틀에서 벗어나려면 몇 가지 방법이 필요하다고 말한다.

가장 먼저 해야 하는 것은 자신의 사고가 상자 안에 갇혀 있음을 인정하는 일이다. 그 상자는 '여자는 원래 수학을 못해'처럼 잘못된 일반화의 오류일 수도 있고, '두부는 네모 모양'이라는 고정관념일 수도 있다. 뤼크 드 브라방데르는 저서 『아이디어 메이커Thinking in New Boxes』에서 이렇게 말한다.

> "고정관념이라는 상자에서 벗어나려면 우리가 당연하게 받아들이는 모든 것을 한 번쯤 의심해 봐야 합니다. 가령 조직 운영의 경우 기존에 해 온 방식을 무작정 따라가지 말고 이것보다 더 나은 선택이 없을까, 더 나은 방식으로 바꿀 수는 없을까 하고 의문을 제기할 필요가 있습니다."

이를 위해 드 브라방데르는 신념 감사beliefs audit라는 방법을 제안했다. 이것은 조직이 철석같이 믿는 신념이 타당한지 제3자가 경영진을 검증해 보는 일이다. 이를테면 경영진에게 이런 질문을 던진다.

---

"회사가 하루아침에 사라지면 세상은 어떻게 변할까?"
"향후 5년 안에 회사를 망하게 할 수 있는 것은 무엇인가?"
"직원이 이 회사에서 열심히 일하도록 어떻게 설득하겠는가?"

---

드 브라방데르는 2014년 유럽의 대형 에너지 회사를 상대로 신념 감사를 실시했다. 그 결과 회사가 줄어드는 원유 자원을 조사하는 데 지나치게 많은 시간과 자금을 투자하는 바람에 최근에 개발한 놀라운 대체 에너지 자원을 고객에게 충분히 알리지 못했다는 사실이 드러났다. 또한 단기 수익성 유지에 골몰하느라 연구개발 5개년 프로그램에 대한 투자를 등한시해 심각한 위험을 초래했음을 깨달았다.

드 브라방데르가 추천한 또 다른 방법은 기업이 '만약 ~라면?'으로 시작하는 질문을 스스로 해 보는 것이다. 이는 다양한 가능성에 사고를 활짝 열어두기 위한 훈련이다.

---

"만약 모든 미국인이 휴대전화 사용을 중단하고 유선전화를 사용한다면?"(휴대전화 전자파가 뇌에 치명적인 해를 끼친다는 연구 결과가 나오면 이런 일이 정말 발생할지도 모른다.)

"게임 유저들이 위키피디아 제작과 같은 방식으로 직접 공동 게임 제작에 나선다면?"

"가스 가격이 지금보다 열 배 이상 급등한다면?"

---

1950년대에 세계 최초로 일회용 볼펜을 개발한 라이터 업체 빅BIC의 경영진은 1970년대 초까지 저가 플라스틱 필기도구를 제작하는 기업이라는 틀 안에 갇혀 있었다. 물론 빅은 혁신을 시도했지만 시간이 흐르면서 시장은 포화 상태에 접어들었고 성장은 한계에 부딪혔다. 그때 빅의 한 임원이 '만약 우리가 일회용 볼펜 대신 일회용 라이터를 만든다면?'이라는 가능성을 제기했다. 결국 빅은 1973년 세계 최초로 일회용 라이터를 선보였고, 1975년에는 일회용 면도기를 출시해 일회용 면도기 시장에서 세계 2위 업체로 도약했다. 2008년에는 저렴한 선先 충전 휴대전화를 내놓는 등 빅은 실험을 계속하고 있다. '만약 ~라면?'이라는 질문이 회사를 대표하는 단어를 '필기'에서 '일회용'으로 바꿔 놓은 것이다.

## 답을 아는 자에겐 아무것도 묻지 마라

편협한 사고의 틀에서 벗어나려 할 때 흔히 사용하는 방법이 브레인스토밍이지만, 사실은 많은 회사가 이 방법으로 좋은 아이디어를 창출하지 못했다고 말한다. 왜 그럴까? 드 브라방데르는 그 이유가 딱딱하고 불편한 분위기 때문이라며 몸풀기 퀴즈부터 시작할 것을 권한다. 이를테면 회의 시작 전에 참석자들에게 재미있는 퀴즈를 내는 것이다.

> '여기 지구 둘레를 두른 긴 줄이 있다고 상상해 보자. 당신은 줄이 너무 팽팽해지자 끊어질까봐 길이를 3미터 더 늘렸다. 이어 세계 각지에서 그것을 땅 위로 균등하게 들어 올렸다. 이때 줄은 땅 위에서 얼마나 높이 올라갈까?'(대개는 줄이 땅 위로 몇 밀리미터 올라갈 것으로 생각하지만 놀랍게도 길이를 3미터 늘리면 줄은 땅에서 50센티미터 가까이 올라간다.)

이는 딱 들어맞는 답을 찾기 위해서가 아니라 우리가 일상적으로 생각하는 문제에서 벗어나 전혀 다른 차원으로 두뇌를 사용하기 위한 활동이다. 생각을 어떤 틀에 가두지 않고 무궁무진하게 펼치면 이전과 다른 쪽으로 상상할 수 있다.

회의 때 일상적으로 쓰는 단어를 배제하고 다른 단어를 사용해 보는 것도 좋다. 드 브라방데르는 프랑스의 샴페인 제조회사 샹파뉴 드 카스텔란Champagne de Castellane의 임원들에게 "삼페인, 술, 음료수 같은 단어를 쓰지 말고 당신의 회사를 묘사해 보세요."라고 요청했다. 처음에 당혹스러워하던 임원들은 시간이 흐르면서 파티, 재미처럼 이전에 미처 생각지 못한 다양한 단어를 떠올리기 시작했다. 그 과정에서 그들은 자사가 단순히 술을 파는 회사가 아니라 각종 파티나 축하 행사에서 큰 역할을 하는 회사임을 깨달았다.

여러 글로벌 기업의 경영 자문을 맡고 있는 스탠퍼드 대학의 로버트 서튼Robert Sutton 교수는 저서 『역발상의 법칙Weird ideas that work』에서 역발상을 하는 몇 가지 방법을 제시했다. 그중 몇 가지를 살펴보자.

---

첫째, 기업 코드에 전혀 적응하지 못하는 사원, 이른바 '고문관'을 고용한다. 조직 문화에 순순히 적응하는 직원은 새로운 것을 보거나 이끌어 낼 수 없기 때문이다.

둘째, 이미 답을 아는 사람에게는 아무것도 묻지 않는다. 답을 아는 사람은 새로운 해결 방식을 내놓지 않는다.

셋째, 돈만 밝히는 사람은 지위 고하를 막론하고 따돌린다. 현재의 성과(돈)에 급급한 사람은 손해를 피하려고 기존의 증명된 방식만 따르려 한다.

넷째, 쓸모없는(혹은 없어 보이는) 직원을 채용한다. 소위 '전문가'는 비전문가처럼 참신한 시각을 유지하기 어렵다는 단점이 있다. 전문가와 비전문가를 적당히 섞어야 이전과 다른 것을 볼 수 있다.

---

물론 서튼 교수의 제안을 행동으로 옮기기란 쉽지 않다. 이미 성공을 경험한 기업은 그 성공의 기억 때문에, 아직 성공하지 못한 기업은 새로운 길에 대한 두려움 때문에 기존의 사고에 얽매이게 마련이다. 사고의 틀을 깨기 어려운 이유가 바로 여기에 있다. 결국 정해진 길을 따라가지 않으려면 이전보다 더 큰 용기와 도전 의식이 필요하다.

하지만 위험 부담이 큰 만큼 역발상에는 커다란 대가가 따라오는 경우가 많다. 역발상으로 성공할 경우 새로운 기회가 생기거나 커다란 가능성의 문이 열린다. 덕분에 특별한 전문성이나 경험이 없어도 남보다 더 높은 위치를 선점할 수도 있다.

특히 오늘날 비즈니스 환경에서는 남과 다른 방식으로 생각하는 습관이 과거 어느 때보다 더 중요하다. 경쟁이 너무 치열해 남과 똑같은 방식 혹은 전략으로는 현상 유지 이상의 성과를 거두기 어렵기 때문이다. 지금 이 순간에도 내 뒤에는 나보다 더 새로운 생각, 우리 기업보다 더 참신한 발상으로 도전하려는 사람이 끝없이 대기하고 있다.

고인 물은 썩기 마련이다. 기업도 마찬가지다. 남과 다른 결과물을 얻고자 한다면 남다른 생각을 하기 위해 노력하고 주어진 안락한 길에서 벗어나 새로운 전략을 적극 모색해야 한다.

혁신으로 시작한 기업, 혁신으로 부활하다

# 정체성과 변화의 조화를 꾀하는 발렌시아가

## 파격과 모험으로 위기를 넘어서다

스페인 출신 디자이너 크리스토발 발렌시아가Cristobal Balenciaga가 설립한 발렌시아가Balenciaga는 본래 주류에 얽매이지 않는 독창성을 바탕으로 시작한 브랜드다. 패션의 중심지 하면 누구나 파리를 떠올리던 시절, 발렌시아가는 패션이나 트렌드와 거리가 먼 스페인의 어촌 마을에서 출발했다. 당연히 코코 샤넬, 이브 생 로랑, 크리스티앙 디올 등 동시대 프랑스의 유명 패션 기업과는 그 감성이 조금 달랐다.

기업이 위기 상황에 처했을 때도 발렌시아가의 대처 방

식은 여느 디자이너들과 달랐다. 제2차 세계대전 당시 원자재 부족으로 파리의 부티크들이 일제히 문을 닫았을 때, 발렌시아가는 상황에 굴하지 않고 부족한 원단으로 풍성한 실루엣을 만드는 방법을 연구해 독특한 재단 방식을 고안해 냈다.

디자인 측면에서도 발렌시아가는 트렌드에 무턱대고 편승하지 않았다. 코코 샤넬이 심플함의 미학을 강조할 때 발렌시아가는 스페인의 화가 벨라스케스에게 영감을 얻어 화려한 소재와 강렬한 색감의 드레스를 선보였다. 크리스티앙 디올이 허리를 잘록하게 하고 엉덩이는 강조한 모래시계 모양의 뉴룩New Look으로 세계 유행을 주도할 때 발렌시아가는 청개구리처럼 허리 부분이 불룩하게 튀어나온 코쿤cocoon(누에고치) 스타일을 창조했다.

디자이너 발렌시아가는 비대칭적이고 조형적인 새로운 스타일의 의상 디자인을 창안한 인물이기도 하다. 의상 디자인을 건축물에 비유하는 그는 여성들이 발렌시아가 옷을 입고 움직일 때마다 살아 있는 건축물처럼 풍성한 실루엣이 부드러운 곡선을 그리며 몸짓과 합쳐지게 만든다는 철학에 충실했다. 이후 물결치듯 부드러운 실루엣은 발렌시아가의 전매특허 스타일로 자리 잡았다. 덕분에 발렌시아가는 파리 패션계의 교황이라는 별명을 얻었고 《보그》는 발렌시아가를 예언의 불꽃flame of prophecy이라 부르기도 했다.

하지만 창업자 발렌시아가가 은퇴한 뒤 그가 일궈 놓은 패션 제국은 내리막길을 걷기 시작했다. 발렌시아가가 패션계에 남겨 놓은 유산이 워낙 컸던 까닭에 발렌시아가표 스타일이라는 꼬리표가 혁신의 걸림돌로 작용한 것이다. 유행에 민감한 패셔니스타를 매혹시킨 대담하고 참신한 디자인은 더 이상 나오지 않았고 사람들은 혁신을 멈춘 발렌시아가에 서서히 흥미를 잃어갔다.

발렌시아가가 다시 세간의 주목을 받은 것은 또 다른 반항아 니콜라스 게스키에르가 정체된 발렌시아가의 디자인과 전혀 다른 시도를 해서 '모터사이클 백'을 만들어 냈을 때였다. 그 가방을 통해 게스키에르는 '이미 한물간 브랜드'로 쇠락해 가던 발렌시아가를 화려하게 부활시켰다. 세계적으로 그 권위를 인정받는 패션 분야의 비영리조직 '패션 그룹 인터내셔널The Fashion Group International, FGI'의 마거릿 헤이스Margaret Hayes 회장은 "발렌시아가를 재창조한 게스키에르는 발렌시아가라는 브랜드에 쿨하고 현대적인 흔적을 남겼다."고 평가했다.

2012년 말 발렌시아가는 다시 한번 모험을 단행했다. 이

번에 승부수를 던진 인물은 파슨스 패션 스쿨을 중퇴한 뒤 미국적이고 도시적인 스타일로 젊은 패셔니스타들에게 인기를 얻은 당시 스물아홉 살의 대만계 미국인 패션 디자이너 알렉산더 왕Alexander Wang이었다. 왕은 이미 스트리트 패션(젊은이들이 선호하는 트렌디하면서도 활동성을 추구하는 패션)을 콘셉트로 한 자신의 브랜드 '알렉산더 왕'을 성공적으로 운영하는 차세대 스타 디자이너이기도 했다.

발렌시아가와 알렉산더 왕이 손을 잡은 약 3년간(알렉산더 왕은 2015년에 발렌시아가를 떠났다) 이 둘의 결합은 업계에서 성공적이라는 평가를 받았다. CEO 이사벨 귀쇼Isabelle Guichot(2016년 사임)의 얘기를 들어 보자.

> "어떤 브랜드든 성공적인 시기가 있는가 하면 쇠퇴기도 겪으며 성장합니다. 저는 한 브랜드가 새로운 장을 여는 시점은 절체절명의 순간이라고 봅니다. 그럴 때 우리는 무언가 새로운 변화를 꾀하니까요. 새로운 디자이너나 경영자를 영입하는 방식으로 말이죠."

물론 이러한 시도에는 종종 모험이 따른다. 실제로 모터사이클 백은 발렌시아가의 전통적인 스타일과 거리가 멀다는 지적을 받았고, 스트리트 패션을 추구하는 알렉산더 왕의 스타일도 마찬가지였다. 귀쇼는 왕이 브랜드 고유의 정체성을 희석시킨다는 주장에 일리가 있다고 인정했으나 "패션 브랜드의 스타일은 정기적으로 재탄생하고 재해석되는 것"이라고 단호하게 말했다.

> "때론 새로운 시도를 하는 과정에서 과거에 추구해 온 것과 다소 거리가 있는 스타일이 나오기도 합니다. 하지만 그것은 결과적으로 브랜드 안에 융합 혹은 희석되며 브랜드의 일부로 자리 잡습니다. 그런 과정을 거치면서 브랜드의 역사가 이어지는 거지요. 같은 맥락에서 모터사이클 백의 독특한 스타일과 실루엣은 '발렌시아가'의 한 단면입니다. 그 제품으로 발렌시아가라는 브랜드가 잃어버린 것은 아무것도 없습니다. 모터사이클 백 같은 모험은 발렌시아가가 가진 유산의 전부도 아니고 발렌시아가의 정체성을 희석 시키지도 않습니다. 오히려 새로운 시도가 브랜드 안에 녹아들어 우리 정체성의 일부가 된다고 생각합니다."

발렌시아가의 모터사이클 백 © Balenciaga

## 변화하지 않으면 명품도 살아남기 힘들다

2013년 2월 알렉산더 왕의 데뷔 무대인 가을/겨울(F/W) 컬렉션에서는 장난꾸러기 악동 같은 20대 디자이너가 100년 가까이 이어져 온 브랜드를 어떻게 요리했을까에 관심이 집중됐다. 왕은 부드러움을 대변하는 니트 소재를 뻣뻣하게 가공해 석고처럼 보이게 만들었고 가죽 제품도 고급스러운 대리석 질감이 나도록 가공했다.

왕의 데뷔 무대가 '발렌시아가의 모험은 브랜드 정체성을 훼손시키지 않는다.'는 사실을 입증한 것이었다면, 2014년 남성복 컬렉션은 왕의 장기와 발렌시아가의 특징을 융합한 것이었다. CEO 귀쇼는 그에 대해 다음과 같이 평가했다.

> "알렉산더 왕은 발렌시아가가 여성복에서 표현하던 방식을 남성복으로 가져왔어요. 크리스토발 발렌시아가가 여성복에서 표현하던 실루엣, 색채를 남성복에 들여온 거죠. 우리가 예전에 한 번도 시도한 적 없던 것이에요. 그러나 발렌시아가의 패션 스타일을 잘 아는 사람이라면 남성복 스타일이 발렌시아가의 전통 여성 스타일을 재해석한 것임을 한눈에 알아볼 거

예요. 이 도전이 남성복 스타일에 새로운 장을 열어 주기를 기대합니다."

비즈니스 세계에서 명품만큼 변하지 않는 분야도 찾아보기 힘들다. 변치 않는 전통, 변치 않는 품질이라는 가치가 소비자들이 명품을 찾게 만드는 요소이기 때문이다. 그러나 지금은 명품조차 변화할 필요성에서 자유롭지 못하다.

불패 신화로 불리는 명품 산업이지만 점점 까다로워지는 소비자들을 어떻게 맞추느냐는 모든 기업의 고민사항이 되었다. 또 최근 명품 시장의 큰손으로 떠오른 MZ세대를 공략하기 위한 마케팅도 활발히 논의되고 있다.

그중 발 빠른 변화를 시도하는 곳 가운데 하나가 약 100년의 역사를 자랑하는 음향 기구 브랜드 '뱅 앤 올룹슨Bang & Olufsen'이다. 뱅 앤 올룹슨은 전 세계 음향 마니아들이 꿈에 그리는 브랜드라고 해도 과언이 아닐 정도로 기술력과 디자인이 탁월하다. 더구나 뉴욕 현대미술관이 이 회사 제품을 열여덟 개나 영구 소장한 사실에서 알 수 있듯 예술성까지 갖추고 있다.

그런 뱅 앤 올룹슨조차 불황의 그늘을 피해갈 수는 없었다. 2009년부터 매출과 이익이 꺾이더니 스마트폰의 일반화로 젊은이들이 비싼 실내 음향 기구 대신 언제 어디서나 간편하게 음악을 들을 수 있는 스마트폰으로 옮겨가기 시작했다.

위기감을 느낀 뱅 앤 올룹슨은 수익성이 나쁜 사업부터 대거 정리하는 한편, 과거에 하지 않던 모험을 감행했다. 돈 많은 중년층이 선호하는 브랜드라는 선입견을 깨고 젊은층을 겨냥해 저렴한 하위 브랜드를 만든 것이다. 이 브랜드의 도시락 사이즈만 한 무선 도킹 모바일 스피커는 젊은이들이 들고 다니면서 음악을 듣도록 만든 제품이다.

2005년부터는 고급 승용차용 음향 시스템 시장을 개척하기 시작했다. 벤츠나 BMW 같은 럭셔리 브랜드 차에 뱅 앤 올룹슨의 오디오를 탑재해 브랜드의 DNA를 유지하면서 변화를 꾀하는 방식을 채택한 것이다.

오늘날 같은 비즈니스 환경에서 변화하지 않고도 살아남을 수 있는 성역聖域은 존재하지 않는다. 전통에만 얽매이는 브랜드는 도태되고 과감하게 파격을 단행하는 브랜드는 오히려 새로운 브랜드 역사를 쓰기도 한다. 발렌시아가가 보여주듯이 말이다.

## 혁신은 과거와의 단절이 아니다

발렌시아가는 과거의 유산에 억눌리지 않았을 뿐 아니라 그것을 소홀히 하지도 않았다. 그들은 과거에 영광을 안겨준 창의력의 원천을 토대로 새로운 창조력을 위한 영감을 얻었다.

발렌시아가가 처음 알렉산더 왕에게 크리에이티브 디렉터 직을 제안했을 때 그는 거절했다. 아직 20대였던 그는 "아뇨, 저는 해낼 수 없어요. 전통이 깊고 광범위한 브랜드를 이끄는 것은 두려워요."라고 응답했다. 그런 그의 마음을 결정적으로 돌려놓은 것은 발렌시아가가 보유하고 있는 거대한 자료 저장고였다. 그녀는 저장고(아카이브)가 발렌시아가에 어떤 의미인지 설명했다.

> "아카이브 덕분에 우리는 원할 때면 언제든 우리의 뿌리로 돌아가 정체성을 확인합니다. 또 그것을 통해 우리의 전통과 소통하고 접촉하고 공부하고 더 파고들고 때론 현대적으로 재해석하면서 우리의 정체성을 꾸준히 유지해 나가지요."

발렌시아가의 아카이브는 이 브랜드의 전통이 어디에서 비롯됐고 디자인의 근간이 무엇인지 알려주는 탄탄한 뿌리의 역할을 한다. 더불어 창업자 크리스토발 발렌시아가가 스페인의 풍경과 전통에서 어떤 영감을 얻었는지 생생하게 보여 준다. 이를테면 아카이브는 1950년 발렌시아가가 선보인 여성 이브닝코트를 스페인 화가 고야가 자주 쓴 색상인 진홍색 벨벳으로 만들었다는 사실을 보여 준다. CEO 귀쇼의 이야기를 더 들어 보자.

> "당신이 받은 유산이 너무 크면 그것이 당신의 앞길에 부담이 될 수도 있어요. 무엇을 하든 항상 과거의 유산이라는 말이 따라붙으니까요. 그렇지만 그것이 짐이 될지 발전의 원동력이 될지는 당신이 그 뿌리를 어떻게 사용하는지, 과거의 유산과 현재가 어떻게 대화하게 하는지에 달려 있어요. 알렉스(알렉산더 왕)도 처음에는 자기가 맞닥뜨려야 하는 거대한 유산에 겁을 먹었을지도 몰라요. 그러다가 아카이브를 파면 팔수록 자신이 그것을 토대로 뭔가 새로운 것을 재창조할 수 있겠다는 생각을 한 거죠. 단순히 과거의 것을 복제하는 수준 이상으로 도약하고 하나의 브랜드에

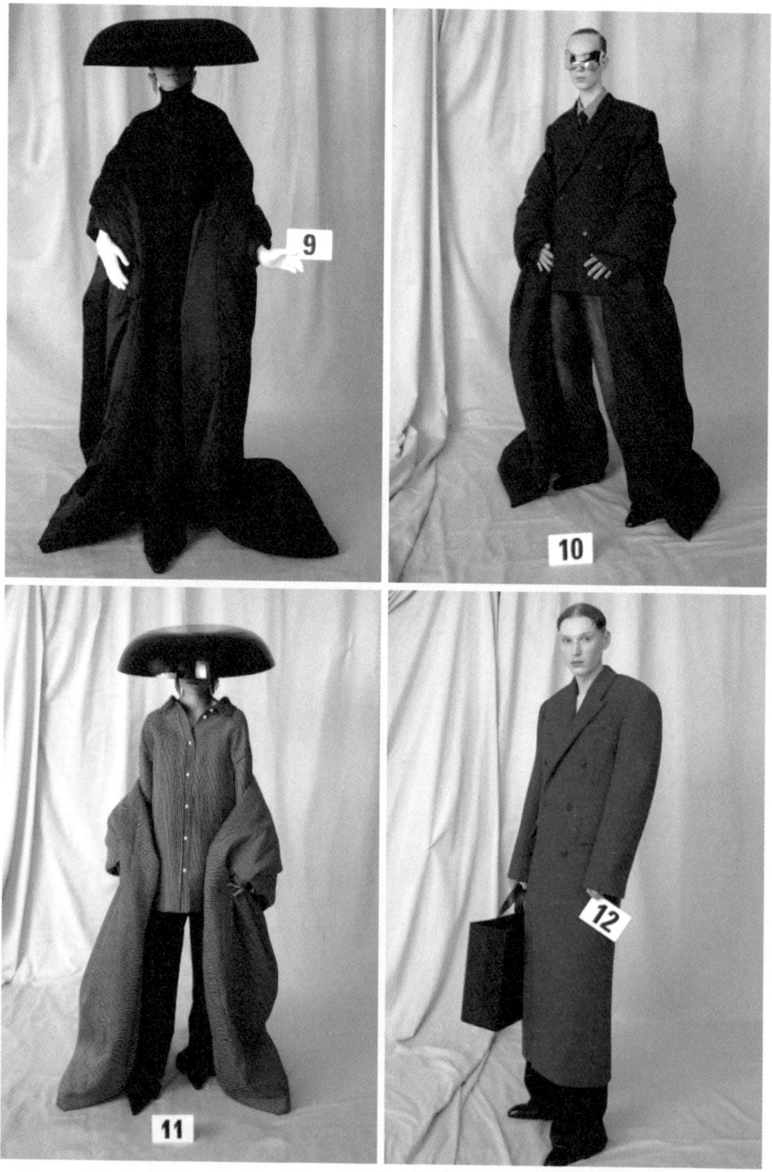


아카이브 속 발렌시아가의 50번째 컬렉션 의상들 © Balenciaga

새로운 장을 열겠다는 결심을 한 겁니다."

CEO 귀쇼는 우리가 간과하기 쉬운 중요한 사실을 짚어 주고 있다. 그것은 혁신이 반드시 과거와의 단절을 의미하는 것은 아니라는 점이다. 오히려 혁신한답시고 이제껏 걸어온 길과 무관한 시도를 했다가 곤혹스런 상황에 놓인 기업이 적지 않다.

혁신이란 기업이나 브랜드의 과거 자산을 어떻게 확장 및 재발견하고 있는지, 어떤 식으로 새로운 가능성을 열어 나가는지 보여 주는 것을 말한다. 그런 면에서 혁신은 과거를 끊어 내는 것이 아니라 '과거와의 대화'라고 봐야 한다.

## 천재도 모방한다, 전임자를

셰익스피어의 희곡 『로미오와 줄리엣』은 『햄릿』과 함께 셰익스피어가 살아 있을 때부터 가장 많이 상연됐고 지금도 가장 많이 사랑받는 작품이다. 그러나 서로 원수의 집안에서 태어난 청춘 남녀가 사랑에 빠져 비극적 결말을 맞이하는 스토리를 처음 고안한 인물은 셰익스피어가 아니다. 셰익스피어는 1562년 영국 시인 아서 브룩Arthur Brooke이 이탈리아 설화를 바탕으로 쓴 『로메우스와 줄리엣의 비극적인 이야기』라는 서사시에서 아이디어를 얻었다. 큰 줄거리를 가져오기는 했으나 그는 머큐쇼나 패리스 같은 조연급 인물의 개성을 부각시키고 부수적인 플롯을 첨가해 극적인 효과를 강조했다.

괴테의 명작 『파우스트』 역시 모방을 토대로 태어났다고 한다. 원래 『파우스트』의 줄거리는 독일에 널리 알려져 있던 구전 설화였다. 그 신화를 문학 작품으로 승화시킨 인물은 셰익스피어와 동시대를 살았던 영국의 극작가 크리스토퍼 말로Christopher Marlowe다. 말로는 설화에서 악마와 계약을 맺은 사악한 마법사로 묘사된 파우스트를 지식인으로 바꿨다. 말로가 쓴 연극은 폭발적인 인기를 얻었고 유럽 유랑 극단을 통해 독일까지 퍼져 나갔다. 당시 어린 소년이던 괴테도 이 연극을 보았고 이후 그는 말로의 작품에 자신만의 문학적 역량을 유감없이 발휘해 세계 문학사에 길이 남을 고전을 완성했다.

세상에 존재하지 않는 완전히 새로운 무언가를 만들어내는 것만이 창의성은 아니다. 오히려 과거의 전통 및 유산을 다른 방식으로 바라보고 새 관점을 덧입혀 변형시킴으로써 새로운 생명력을 만들어 내는 것을 창의성으로 보는 편이 더 적절하다. 20세기 영국 시인 토머스 스턴스 엘리엇Thomas Stearns Eliot이 "어설픈 시인은 흉내 내고 노련한 시인은 훔친다."라고 말한 것도 같은 맥락일 것이다.

비즈니스계에서도 시장을 재편한 획기적인 창의력과 역발상은 보통 과거의 유산에서 비롯된다. 포드주의Fordism라는 용어가 등장하는 데 일조한 헨리 포드Henry Ford의 컨베이어 벨트 시스템은 시카고 도축장에서 얻은 아이디어다. 세계적인 경제학자 조지프 슘페터Joseph Schumpeter는 혁신을 "이미 존재하는 지식을 재조합한 결과 만들어진 인공물"이라고 강조했다. 기존에 있는 것을 새로운 시각으로 바라보고 그것을 자신이 이미 갖고 있는 것과 융합함으로써 혁신이 만들어진다는 얘기다. 단순한 모방으로는 혁신을 이루지 못한다. 모방에 자신만의 창의성을 가미해야 혁신으로 향하는 문을 열 수 있다.

과거의 유산을 기반으로 새로운 미래를 만들어 가는 기업, 끊임없이 자사의 자산을 재발견하려 노력하는 기업은 쉽게 무너지지 않는다. 발렌시아가가 그 좋은 사례다. 발렌시아가는 여러 차례 어려운 고비를 겪었지만 그때마다 재기에 성공했다. 이는 위기 때마다 기업의 근간인 혁신적인 마인드를 되살린 덕분이다.

이와 함께 발렌시아가는 미래 혁신을 위해 그때까지 자신이 일궈온 것을 모조리 부정하는 잘못을 저지르지 않았다. 오히려 과거를 밑거름 삼아 새로운 미래로 향하는 길을 모색했다. 진정한 혁신을 꿈꾸는 기업이라면 바로 이 점에 주목해야 한다.

◐ 세상을 남과 다르게 보는 시선

# 내 경쟁자는 바로 나, 포켓몬스터

## 캐릭터도 진화하고 변이한다

캐릭터 산업에서 가장 전통이 깊고 영향력 있는 회사는 단연 디즈니Disney다. 미키마우스, 도널드 덕, 백설 공주, 포카혼타스, 최근에는 「겨울왕국」의 엘사까지 디즈니는 전 세계에서 가장 사랑받는 캐릭터를 잇달아 탄생시켰다.

회사 자산의 넘버원이 이들 캐릭터인 만큼 디즈니는 저작권 보호는 물론 캐릭터의 정체성을 지키는 데 심혈을 기울이고 있다. 전 세계 디즈니랜드에서 캐릭터 분장을 하는 직원들은 철저히 그 캐릭터가 되기 위한 훈련을 받는다. 예를 들어 신데렐라로 분장한 직원은 동글동글하고 여성스러운 신데렐라 필체를 충분히 익힌 후 어린이 관광객에게 신데렐라 스타일로 사인을 해 준다. 또한 동화 속에서 국적이 불분명한 것으로 알려진 라푼젤 같은 캐릭터는 국적이 드러나는 발언을 자제한다.

그밖에도 디즈니는 캐릭터들이 출판이나 영상물에 노출될 경우 고유의 이미지를 철저하게 지키도록 하고 있다. 가령 중세 유럽 고성에서 살고 있어야 할 백설 공주가 베이징 공항의 한 벽면에서 스마트폰을 들고 서 있으면 안 된다.

다시 말해 디즈니의 캐릭터는 각각 개성이 강하지만 다른 한편으로는 '이 캐릭터는 이러저러해야 한다'고 정형화되어 있다. 디즈니의 캐릭터들 외에 다른 여러 가지 이야기 속 캐릭터도 마찬가지다. 이들은 각각의 개성이 돋보이긴 해도 일정한 틀에서 벗어나지 않는다. 그런데 캐릭터의 이러한 공식을 뒤집은 것이 바로 '포켓몬스터Pocket Monster(주머니에 넣어 가지고 다닐 수 있는 작은 괴물이라는 뜻)'다.

주식회사 포켓몬은 원래 주로 게임을 제작했지만 포켓몬 캐릭터를 소재로 삼은 애니메이션, 영화, 캐릭터 상품 등이 먼저 출시한 게임보다 더 큰 인기를 얻자 디즈니처럼 종합 엔터테인먼트 회사로 거듭났다.

포켓몬스터의 줄거리와 배경은 작품마다 조금씩 다르지만 각양각색의 포켓몬과 이들을 훈련시키는 포켓몬 트레이너가 겪는 모험을 큰 줄거리로 하고 있다. 포켓몬의 종류는 엄청나게 많은데, 심지어 캐릭터 기획 단계부터 참여한 주식회사 포켓몬의 이시하라 쓰네카즈石原恒和 사장(2023년 퇴임)조차 캐릭터의 종류가 얼마나 되느냐는 단순한 질문에 고개를 갸웃거렸다.

> "포켓몬은 생물처럼 만들어지기 때문에 종류가 굉장히 많습니다. 맨 처음 나올 때는(1996년) 약 150종류였는데 이후 점점 늘어나 2011년까지 600종류가 넘었습니다."

그가 캐릭터의 숫자를 정확히 세지 못하는 데는 이유가 있다. 아메바 같은 생물은 자연계에서 갑자기 개체가 불어나거나 여러 가지 돌연변이를 일으켜 희한한 변종을 만들어 낸다. 마찬가지로 포켓몬도 캐릭터가 계속 진화하고 변이를 일으킨다. 이때 변화해서 다른 포켓몬이 된 존재를 한 종류로 봐야 할지 아니면 다른 종류로 해야 할지 상당히 모호하다. 또 포켓몬은 태생 자체는 괴물이지만 암수가 존재하는데 그걸 동물처럼 하나의 종種으로 보는가, 별개의 종으로 보는가에 따라서도 가짓수를 세는 방식이 달라진다. 종류, 진화 단계, 성별이 같아도 색깔이 다를 수 있다. 이처럼 암수, 색깔 등 각각의 특징에 따라 종류를 나누면 포켓몬의 가짓수는 1000개를 훌쩍 뛰어넘는다.

포켓몬의 가장 큰 특징이자 일반적인 캐릭터와 확연히 다른 점은 캐릭터가 살아 있는 생물처럼 변화한다는 것이다. 이에 대해 이시하라 사장은 다음과 같이 말했다.

> "포켓몬은 생명체라 피카츄의 귀가 구부러져 있거나 꼬리가 조금 말려 있는 등 개체별로 약간 차이가 있어도 어쨌든 모두 피카츄입니다. 포켓몬의 캐릭터 상품에는 그렇게 약간씩 차이가 있어요. 애니메이션에서 자주 보는 수컷 피카츄와 달리 암컷은 꼬리가 하트거나 귀가 들쭉날쭉한 것처럼 말이죠. 한 마리, 한 마리가 다 다릅니다. 살아 있으니까요. 그런 부분이 포켓몬의 개성이라고 생각합니다. 하지만 디즈니의 캐릭터는 전부 같지요. 미키마우스는 눈의 위치, 코의 생김새 그리고 움직임이 일정합니다. 귀 색깔, 꼬리 모양, 부리가 다른 도널드 덕은 짝퉁입니다. 결국

캐릭터에 대한 시각과 접근법이 다른 회사와 차별화 된 점이 아닌가 합니다."

똑같이 캐릭터를 이용해 이야기를 만들고 상품화할지라도 그 기업의 생각에 따라 이후의 전개 과정에는 확연한 차이가 있다. 캐릭터 산업에서 살아남는 기업에는 모두 매력적인 캐릭터와 훌륭한 스토리 텔링이 있다. 그런데 그 안에서도 발현 방법은 디즈니와 포켓몬처럼 큰 차이를 보인다. 디즈니가 전통적인 방법으로 많은 사람의 마음을 사로잡았다면, 포켓몬은 이전과 다른 발상으로 캐릭터 산업에 새로운 활로를 제시했다고 볼 수 있다.

포켓몬스터의 대표 캐릭터 피카츄 © Pokemon Korea

## 현실과 가상의 경계를 없애다

캐릭터가 진화한다는 것 외에도 포켓몬에는 또 다른 특이점이 있다. 그것은 게임 플레이어들이 가상 세계에서 게임을 즐기는 데 그치지 않고 하드웨어(닌텐도 게임보이)의 통신 교환 기능을 통해 현실 세계에서 다른 게임 이용자들과 각자의 캐릭터를 교환할 수 있게 했다는 점이다.

이전에 존재하지 않던 아이디어를 현실화해서 그런지 포켓몬은 제작 단계부터 호흡이 길었다. 6년의 개발 기간을 거쳐 1996년 2월 게임 소프트웨어를 시장에 내놓으면서 회사는 100만 개 정도의 판매를 기대했으나 현실은 23만 개에 불과했다. 대실패였다. 더 이상 후속 게임을 만들지 못할 정도의 결과 앞에서 이시하라 사장은 포켓몬의 생명을 연장할 방법을 궁리했다. 사업 수완이 탁월한 그는 먼저 출판사와 손잡고 포켓몬 만화를 연재하기 시작했는데, 특히 인기가 있었던 『포켓몬스터 스페셜』은 1997년 연재한 이후 시리즈로 약 40권을 발행했다.

포켓몬 만화 발매 6개월 뒤에 나온 포켓몬 카드는 1970~1980년대 딱지처럼 세계 어린이들의 수집과 교환 놀이 대상으로 폭발적인 인기를 누렸고, 1998년 「뮤츠의 역습」

을 시작으로 애니메이션도 10편 넘게 제작했다. 만화, 카드, 애니메이션 등이 사람들의 주목을 받으면서 거꾸로 게임 인지도가 올라갔고 뒤늦게 폭발적인 주문이 이어졌다. '원 소스 멀티유즈one source multi-use(하나의 콘텐츠로 여러 유형의 상품을 개발하는 것)' 전략의 대표적인 성공 사례가 된 것이다.

비록 처음에는 부진했지만 이시하라 사장은 포켓몬 게임 기획서를 처음 접한 순간부터 '이제까지 존재하지 않던 새로운 게임이 탄생하겠구나.'라는 생각을 했다고 한다. 그 기획안은 그저 종이 몇 장에 불과했으나 내용물이 대단히 획기적이었기 때문이다. 당시 시장에 나와 있던 게임은 게임 플레이어들이 미리 설정된 게임 세계에서 얼마나 즐겁게 놀 수 있는가에 초점을 맞추고 있었다. 반면 포켓몬 게임에서는 고정된 공간 없이 여러 세계를 옮겨 다닌다. 또한 등장인물이 각자의 포켓몬을 키우고 성장시켜 교환하는 등 이전과 다른 다양한 선택지를 경험할 수 있다.

캐릭터의 연속성 역시 차별화 포인트다. 이시하라 사장은 많은 사람이 포켓몬 게임을 즐긴 까닭은 캐릭터 하나하나의 스토리가 다음, 그다음 상품으로 이어졌기 때문이라고 말했다.

"다른 게임은 대개 게임 안에서 결말이 나고 다음 버전으로 연결되지 않습니다. 하지만 포켓몬은 작품 하나에서 캐릭터를 둘러싼 이야기 전체가 끝나지 않아요. 캐릭터가 한 게임에서 다른 게임으로 연결되기 때문에 과거에 포켓몬 게임을 하던 사람들은 예전의 추억을 회상하며 다음 게임이 나오길 기다리지요."

이전과 다른 이 방식은 새로운 유저들을 양산하면서 포켓몬 게임에 대한 흥미를 더욱 확대했다. 그뿐 아니라 하나의 게임이 끝나도 그것이 연속해서 뒤편으로 이어지자 사람들이 더 오래 이 게임을 즐겼다. 즉, 사람들의 흥미를 오래 붙잡아 두는 효과가 나타났다. 단순히 게임 유저뿐 아니라 만화나 애니메이션을 좋아하는 사람 등 다양한 사람들에게 인기를 얻으면서 포켓몬의 영향력은 커져갔다.

## 자연에서 얻은 영감, 온라인에서 꽃피다

포켓몬이 탄생하기 전까지 일본의 게임들은 폭력성이 짙었고 이는 미국과 유럽도 크게 다르지 않았다. 총으로 누군가를 쏘아 죽이거나 상대를 제압해서 승리하는 형식의 게임이 대부분이었다. 이런 상황에서 포켓몬은 전혀 다른 방식으로 승부를 벌였다. 포켓몬을 성공 반열에 올려놓은 사람은 이시하라 사장이지만 게임을 처음 창안한 사람은 게임 개발자 타지리 사토시尻智다. 어린 시절 그는 산과 들을 쏘다니며 곤충을 채집하고 야생 동물을 관찰했는데 그 경험은 포켓몬 안에 고스란히 녹아들었다. 이시하라 사장의 얘기를 들어 보자.

> "타지리가 포켓몬을 만들 때 고향에서 키우던 애완동물에서 아이디어를 얻었다고 하더군요. 일상의 소소한 경험을 게임에 집어넣고 생생하게 살아 움직이는 생물을 접한 체험을 요령껏 게임 안에 녹여낸 것이 성공 포인트입니다."

어린 시절 자연에서 즐겁게 뛰놀던 경험, 애완동물을 키울 때 느꼈던 행복감 등은 인종이나 국적을 막론하고 어느 정도 공통적이다. 강에서 물고기를 잡는 것, 개와 함께 노는 것, 식물을 기르는 것 역시 어느 나라 어린이든 일상에서 자연스럽게 접하는 일이다. 이러한 공통 경험이 바로 포켓몬이 문화권을 가리지 않고 크게 성공한 비결이다.

증강현실 게임 '포켓몬 고' © Pokemon Go

최근 포켓몬은 게임 회사 나이언틱Niantic Labs이 개발한 모바일 증강현실VR 게임 '포켓몬 고Pokemon Go'를 통해 또 한 번 전 세계적인 인기몰이를 했다. 포켓몬 고는 이용자들이 자신이 이용하는 모바일 기기를 통해 현실 세계에서 포켓몬 캐릭터를 수집하도록 하는 게임이다. 현실과 가상을 넘나드는 이 게임이 국경을 넘어 전 세계 사람들을 사로잡은 이유는 현실 세계에서 가상 세계의 캐릭터를 접할 때의 짜릿함, 캐릭터를 수집하는 성취감이 국적을 불문하고 누구나 갖고 있는 보편적 정서를 자극했기 때문이다.

그렇다고 포켓몬이 누구나 경험할 수 있는 공통 경험과 보편적인 감정에만 의지한 것은 아니다. 포켓몬에서 일하는 사람들은 사물을 새로운 시각으로 바라보려는 노력을 게을리하지 않았다. 게임이나 영화를 만들 때마다 개발 단계부터 디렉터와 각본가, 촬영팀 등의 스태프를 해외에 보내 적합한 아이디어와 이미지를 찾은 것이다.

예를 들어 「포켓몬스터 블랙, 화이트」의 무대는 뉴욕 맨해튼이다. 무대가 해외일지라도 대개는 비용과 시간상 일정 기간만 현지에 머무는데 반해 이들은 모든 진행자가 맨해튼에서 작업을 했다. 영국에서 프랑스까지 도버 해협을 건너는 내용을 다룰 때는 실제로 도버 해협을 건너면서 이야기를 만들었다.

한편 이들은 캐릭터를 개발할 때 보통의 일본 기업과 달리 팀원들이 모두 맞붙어 싸운다고 해도 과언이 아닐 정도로 활발하게 브레인스토밍을 한다. 회의에 참석하는 모든 사람이 스스로 염두에 둔 캐릭터를 그려가며 "개의 이미지나 성격을 닮은 포켓몬이 있으면 재미있을 것 같지 않아?", "원숭이를 닮은 포켓몬을 한번 만들어 보는 게 좋을 것 같아."라고 활발하게 의견을 주고받는다. 이처럼 그들은 이런 능력을 갖춘 포켓몬이 있으면 어떨까, 이걸 어떻게 키우고 진화시키는 게 좋을까 등을 계속 논의하면서 상상하고 그 상상을 현실화한다.

## 외계인의 눈으로 세상을 바라보라

기존과 다른 방식으로 세상의 변화를 이끌려면 새로운 시각이 필요하다. 독특한 시각으로 사물을 바라보고 남과 다르게 생각하는 자세는 그냥 만들어지지 않는다. 산업 디자인 분야에서 시각이 남다른 것으로 유명한 디자이너 카림 라시드Karim Rashid는 창의성에 관해 이런 말을 했다.

> "흔히 창의성은 어디에서 오는가 하고 궁금해하는데 제가 볼 때 창의성은 어떤 현상이나 능력이 아닙니다. 어떤 사람이 특수한 능력을 타고나서 창의적인 것이 아니라 누구나 노력하면 창의적일 수 있는 DNA를 타고났다고 봅니다."

현재까지 3000개가 넘는 작품을 디자인하고 디자인 관련 분야의 상을 300개 이상 받은 그는 전 세계적으로 400만 개 이상 팔려 역사상 가장 유명한 쓰레기통으로 남은 가르보Garbo를 만든 주인공이다. 그는 누구나 창의적일 수 있다며 외계인의 눈으로 세상을 보기 위해 노력하라고 강조한다.

> "저는 사물을 객관적으로 보려고 노력합니다. 약간 거리를 두고 아무런 편견 없이 말이지요. 그러려면 먼저 마음과 사고방식이 자유로워야 해요. 자유로워질수록 더욱 창의적일 수 있습니다. 좀 이상하게 들릴지 모르지만 저는 제 자신을 이 행성(지구)에 사는 외계인이라고 생각합니다. 외계인의 눈에는 세상의 사물과 사람이 새롭게 보이므로 좀 더 창의적일 수 있습니다. 자유로운 시선으로 세상을 둘러보면 마음

이 더욱 명민해지니까요. 저는 그런 시선으로 우리 삶을 더 나은 것으로 만들기 위해 제가 어떤 일을 할 수 있을지 생각합니다."

라시드의 얘기는 발명가 제임스 다이슨James Dyson의 말을 떠올리게 한다. 다이슨은 한국에서도 큰 인기를 끈 날개 없는 선풍기, 먼지봉투 없는 청소기, 공기를 회전시키는 고데기 같은 혁신적인 제품을 개발한 인물이다. 그는 '어떤 직원을 채용하는가?'라는 질문에 이렇게 대답했다.

"우리 회사는 주로 대학을 갓 졸업한 사람들을 채용합니다. 무엇이 옳고 그른지, 무엇이 가능하고 불가능한지 아직 배우지 않아 열린 자세로 문제에 접근하기 때문이죠."

## 무의미한 경쟁의 틀에서 벗어나라

발상이 참신하고 창의적이란 것은 세상에 남다른 무언가를 내놓는다는 의미다. 이를 위해서는 무엇보다 우리 사회에

만연한 '따라 하기me-tooism'에서 벗어나야 한다. 사전적 의미로 따라 하기란 특정 상품을 시장에 내놓을 때 경쟁사와 동일한 디자인 및 원칙을 그대로 사용하고 세부 사항만 살짝 바꾸는 것을 일컫는다.

기업이 한편으로는 차별화를 외치면서도 따라 하기를 그만두지 못하는 이유는 단기 매출 효과가 크기 때문이다. 시장에서 어느 정도 성공한 상품을 약간 개량해 출시하면 그 상품이 속한 범주 안에서 손쉽게 일정 수준 이상의 시장점유율을 확보할 수 있다. 그러나 이런 일이 장기적으로 지속될 경우 기업은 서로를 복제하면서 무의미한 경쟁을 지속하고 그만큼 창조성과는 거리가 멀어진다. 카림 라시드는 "남과 다르고 싶다면 경쟁에 초연해야 한다."고 말한다. 자사 고유의 제품을 만드는 것이 아니라 남이 무엇을 하는지, 가격 정책은 어떤지 등에만 관심을 두면 결국 남과 비슷한 것밖에 만들지 못하기 때문이다. 이 경우 차별화에 성공할 수 없다. 경쟁자를 의식하지 않아야 자신의 역량에만 집중할 수 있는 법이다.

그럼 포켓몬의 이시하라 사장은 무엇을 포켓몬의 경쟁자로 여길까? 그의 대답은 의외로 아주 명쾌했다.

"포켓몬의 경쟁자는 포켓몬입니다. 신작 게임을 발매할 때마다 우리는 '과거에 발매한 포켓몬 게임 소프트웨어를 뛰어넘을 만큼 재미있게 만들자'는 생각으로 일합니다. 포켓몬 안에는 포켓몬만의 특징과 경쟁 요소가 있기 때문에 포켓몬의 경쟁자가 「쿵푸 팬더」나 「토이스토리」 혹은 디즈니 작품의 어떤 특정 캐릭터라고 생각하지 않습니다."

물론 경쟁이 극심한 비즈니스 세계에서 경쟁사의 동향에 초연하기란 쉬운 일이 아니다. 하지만 남이 무엇을 하고 있는가가 아니라 내가 무엇을 할 수 있고 내 장점이 무엇인가에 집중할 때 비로소 남과 다른 시선으로 사물을 바라볼 수 있다. 진정한 새로움, 진정한 차별화는 모두 자기 자신에게서 비롯되기 때문이다.

## 나만 할 수 있는 일에 집중하라

1997년 한 컴퓨터 회사가 자사 제품 설명이 단 한 줄도 등장하지 않는 희한한 광고를 선보였다. 광고 영상에는 존 레논John Lennon, 마하트마 간디Mahatma Gandhi, 마틴 루터 킹Martin Luther King, 앨버트 아인슈타인Albert Einstein 등의 사진이 차례로 등장하면서 다음과 같은 내레이션이 흘러나왔다.

> "여기 미친 사람들이 있습니다. 부적응자, 문제아, 혁명가. 네모난 구멍에 끼워진 동그라미처럼 이 사회에 맞지 않는 사람들. 하지만 그들은 사물을 다르게 봅니다. 그들은 규칙을 좋아하지 않습니다. 그들은 현상 유지를 원하지도 않습니다. 우리는 그들을 찬양할 수도 있고, 부정할 수도 있고, 치켜올릴 수도 있고, 비난할 수도 있습니다. 그러나 결코 그들을 무시할 수는 없습니다. 그들이 세상을 바꾸기 때문입니다."

이것은 애플의 '다르게 생각하라Think Different' 광고로, 애플을 이끈 스티브 잡스 역시 남과 다르게 생각하는 사람이었다.

그는 조직의 불문율처럼 존재하던 온갖 복잡한 절차를 깡그리 없앴다. 고객에게 최대한 다양한 선택지를 제공해야 한다고 여기던 업계 관행도 뒤엎었고 제품 가짓수도 확 줄였다. 델Dell이나 HP가 마흔 가지나 되는 모델을 선보일 때

애플의 맥북은 여섯 가지 모델로 승부했다. 너무 많은 선택지를 제공하는 것이 고객에게 부담을 준다고 판단했기 때문이다. 이처럼 애플은 애플만이 할 수 있는 일에 집중했고 결국 다른 어느 회사도 이루지 못한 성과를 냈다.

500년 전 마키아벨리는 "세상에서 그 무엇보다 어려운 것은 무언가를 변화시키는 것이다."라고 말했다. 예나 지금이나 잘 알고 익숙한 것에 안주하고 싶어하는 것은 인간의 본성에 가깝다. 한 가지 긍정적인 소식은 인간의 본성도 노력하면 바뀐다는 점이다. 어렵지만 관습과 규범에 얽매이지 않기, 열린 자세로 노력하기 그리고 내 능력과 내가 할 수 있는 일에 집중하기를 실천하면 이전과는 다른 시각으로 새로움을 만들어 낼 수 있을 것이다.

# Insight Story

하나의 기술로 평생을 살 수 있는 시대는 지났다

_ 린다 그래튼Lynda Gratton

10대인 두 아들과 함께 여느 때와 마찬가지로 평범한 아침식사를 하던 한 어머니가 밥상머리에서 아들들의 장래 희망을 들었다. 막 고등학교를 졸업한 열일곱 살짜리 첫째 아들은 "나는 기자가 되고 싶어요."라고 했고, 두 살 어린 둘째 아들은 "난 의대에 들어갈 거예요."라고 선언했다. 어머니는 문득 '기자의 전망이 괜찮을까', '의사를 해도 좋을까' 하는 의문을 품었다. 왜냐하면 오늘날 노동 환경이 급속도로 변화하고 있기 때문이다.

인터넷의 발달로 세계가 하나로 연결되면서 일과 사생

활의 경계가 모호해졌고, 특히 해외 관련 업무는 24시간 내내 일이 이어진다. 퇴근 시간이 되면 곧바로 일에서 해방되던 1960년대 직장인과 달리 인터넷과 SNS, 휴대전화 등 다양한 첨단 기술의 굴레에 매여 있는 오늘날의 직장인은 일에서의 완벽한 해방을 누리기가 힘들다. 물론 인터넷의 발달은 수많은 청년 창업자와 1인 기업을 탄생시킨 밑거름이 되기도 했다.

그렇다면 20년, 30년 뒤 우리의 근로 환경은 어떤 식으로 재편될까? 미래를 대비하기 위해 현재의 학생이나 취업준비생 혹은 사회 초년병은 무엇을 해야 할까?

아들들의 평범한 장래 희망 얘기에서 시작된 의문은 꼬리에 꼬리를 물었고, 엄마이자 런던 비즈니스 스쿨의 경영학 교수인 린다 그래튼은 꼬박 3년간 연구에 매달렸다. 30개국 200명의 CEO와 함께 '앞으로 일과 업무 환경이 어떻게 변할 것인가'를 연구한 그녀는 이후 『일의 미래The shift: the future of work is already here』를 출간했다. 그래튼 교수는 기업 문화, 전략적 조직관리, 조직혁신 분야 전문가로 2013년 '세계 경제경영 사상가 50인Thinkers 50' 랭킹에서 14위를 차지한 인물이다. 그녀는 제3차 산업혁명이 도래하면 직업의 공동화空洞化, hallowing out of work 현상이 일어날 것이라고 내다봤다.

> "높은 기술력을 필요로 하는 직업군은 계속 남아 있겠지요. 그런 일은 직관과 지혜, 전략, 노하우 같은 인간의 특징을 필요로 하니까요. 비교적 단순한 직업들도 살아남을 거예요. 예를 들면 바닥을 청소하거나 간호하는 일이 여기에 속하지요. 문제는 그 가운데에 있는 직업들이에요. 그런 일은 해외에 아웃소싱하거나 기계가 그 일을 대체할 겁니다. 직업군의 양극화가 일어나고 중간이 텅 비어버리는 거지요. 빅데이터나 IT를 이용한 분석 방법이 지금과 비교할 수 없는 수준으로 발전하면 이제까지 인간이 해온 일을 기계가 대체할 것입니다."

그녀는 미래에는 중간 관리직이 사라질 것이라고 예측했다. 그들은 조직 내 위계 서열 시스템 아래서 주로 지시사항과 정보를 아래로 전달하는 일을 담당한다. 그런데 오늘날에는 모든 사람이 인터넷이나 SNS로 연결되어 있기 때문에 더 이상 중간 관리직이 지금만큼 필요치 않다. 이미 컴퓨터가 일을 대신해 주는 회계 직군도 없어질 가능성이 크다. 타이피스트, 전화 교환원 등도 마찬가지였다.

직업의 미래가 이렇듯 우울하다면 대체 우리는 무엇을

해야 할까? 그래튼 교수는 제2, 제3의 직업으로 평생 일하고 자 한다면 꾸준히 배우고 기술을 연마해야 한다고 조언했다. 다음의 시나리오를 보자.

20대에 입사해 서른 살까지 열심히 일하면서 자기 분야의 지식과 기술을 갈고닦는다. 서른 살에는 1년간 쉬며 여행을 다니거나 자원봉사를 하고, 서른한 살에는 다양한 기업 프로젝트에 참여해 경험을 넓힌다. 그리고 직장으로 다시 돌아와 속도를 조절하면서 3년 동안 업무에 정진한다.

40대가 되면 1년간 학습에 매진해 전문 능력을 쌓고 두 번째 전문 영역으로 이동한다. 40대나 50대 초에는 다시 경험을 넓히기 위해 1년간 여행을 하거나 자원봉사를 하고, 50대 후반 혹은 60대에는 지금까지 두 분야에서 쌓은 전문 능력을 바탕으로 소기업가로 변신한다.

그래튼 교수는 밀물과 썰물을 타듯 일과 공부를 넘나들어야 70대와 80대까지도 계속해서 사회 활동을 지속할 수 있다고 조언한다.

그렇다면 한 가지 기술을 오랫동안 갈고닦은 숙련공, 예를 들면 일본의 장인은 앞으로 무의미해지는 걸까? 이와 관련해 그래튼은 흥미로운 얘기를 들려주었다.

“숙달이라는 가치 역시 매우 중요해요. 그럼에도 불구하고 오늘날 일본에서 많은 장인이 사라져가는 이유는 그들이 숙련된 기술로 새로운 가치를 창출하는 데 실패했기 때문입니다. 그들이 직면한 문제는 ‘수십 년간 익힌 숙련된 기술을 어떻게 하면 지속적인 가치가 있도록 변형시킬 수 있을까.’ 하는 것입니다. 현대를 살아가는 장인은 하나의 기술을 숙달한 다음 ‘이것으로 끝이야. 이 기술만 평생 연마하며 살 거야.’라고 해서는 안 돼요. 거기에서 새로운 가치가 있는 다른 것으로 변형 혹은 변신해야 합니다.”

예를 들어 그녀가 재직 중인 런던 비즈니스 스쿨에는 의료 법인을 세우기 위해 경영학을 공부하는 심장 외과의가 있다. 이 학생은 이미 한 분야의 기술을 오랫동안 습득한 장인이지만 자신이 갈고 닦은 기술을 다른 분야에 새롭게 적용하기 위해 도약을 준비하고 있는 것이다.

변화하지 않으면 생존할 수 없다는 그래튼 교수의 지적은 개인에게 국한된 것이 아니다. 오늘날처럼 경쟁적이고 변화무쌍한 환경에서는 변화하지 못하는 기업도 생존하기 어렵다. 과거에 안정적이라고 여기던 수많은 직업이 사라질 위험에 처한 것처럼 과거에 기업들이 안전하다고 생각한 길은 더 이상 안전한 길이 아닐 수도 있다. 따라서 기업들은 과거의 영광에 머물러 있으면 안 된다.

자기 혁신을 하는 방법은 한 가지가 아니다. 태양의 서커스나 조 말론 런던처럼 새로운 범주를 창조할 수도 있고, 발렌시아가와 마찬가지로 과거의 유산을 현대적으로 재창조할 수도 있다.

어쨌거나 중요한 것은 '과거에 잘됐으니 앞으로도 잘되겠지.'라는 생각으로 안주하면 변화무쌍한 미래에 살아남기 힘들다는 사실이다. 이것이 우리가 당면한 일의 미래이자 기업의 미래다.

# 合

[합]

PART 3

# 끊임없이 변화를 추구하고
# 제3의 길을 발견하라

2023년 2월 14일, 국내외 언론은 세계적인 팝스타 퍼렐 윌리엄스Pharrel Williams와 관련한 소식을 앞다퉈 전했다. 그 직전에 끝난 제65회 그래미상 시상식이나 새로운 음반 발매 관련 뉴스가 아니었다. 언론이 전한 것은 윌리엄스가 1854년 설립한 명품 브랜드 루이비통의 남성복 크리에이티브가 됐다는 소식이었다. 윌리엄스가 루이비통 디자이너로 임명된 것은 '패션계의 르네상스맨'으로 불렸던 버질 아블로Virgil Abloh의 후임이라는 점에서도 눈길을 끌었다. 루이비통 브랜드의 모기업이자, 프랑스 시가 총액 1위 기업인 루이비통모에헤네시LVMH 그룹의 최초 흑인 디자이너였던 아블로는 패션을 체계적으로 공부한 적이 없으면서도 최고의 패션 디자이너가 된 특이한 사례다.

재봉사 어머니 밑에서 바느질을 배웠고, 대학에서 공학을 전공한 뒤 건축학 석사학위를 받은 아블로는 기존 창조물에 3%의 변화를 줘 새로운 디자인을 만든다는 '3% 접근법'으로도 유명하다. 그의 작품은 프랑스 루브르 박물관, 시카고 현대미술관 등에 전시되기도 했을 정도다. 2021년 아블로가 암으로 사망한 이후 루이비통은 아블로의 자리를 1년 넘게 공석으로 남겨뒀다. 그 기간 동안 무성한 소문을 양산한 끝에 선택한 것이 윌리엄스다. 2018년 아블로를 남성복 크리에이티브 디자이너로 앉힘으로써 패션계에 많은 화제를 낳았던 루이비통은 이번엔 그 자리에 패션을 전공하지 않은 또 다른 인물을 앉힘으로써 다시 한번 화제의 중심에 섰다.

비록 가수 이력에 가려지긴 했지만, 윌리엄스 역시 패션 분야 경력이 화려하다. 2000년대 초반 윌리엄스는 현재 겐조의 디자이너로 활동 중인 니고Nigo가 만든 스트리트 패션 브랜드 '베이프Bape'의 옷을 유행시키면서 패션 아이콘으로서의 면모를 처음 선보였다. 당시 일본에서만 인기를 끌던 베이프는 윌리엄스가 입으면서 전 세계에 유행을 탔고, 이때 쌓은 친분으로 윌리엄스는 니고와 함께 2003년 스트리트 패션 브랜드 '빌리어네어 보이스 클럽Billionaire Boys Club'을 론칭하기도 했다.

하지만 아무리 아블로나 윌리엄스의 능력이 뛰어나다 하더라도 10년 전이었더라면 아마 이 같은 결정은 상상할 수 없었을 것이다. 최근 루이비통이 잇따라 대중 가수를 크리에이티브 디자이너로 영입한 배경에 대해선 여러 분석이 나온다. 《뉴욕타임스NYT》는 "최근 몇 년간 명품 업계가 전문 디자이너가 아닌, 영향력 있는 셀러브리티들에게 의존하는 경향이 강하게 두드러진다."면서 비록 론칭 이후 2년도 안된 2021년에 중단하긴 했지만 LVMH가 가수 리한나와 공동 운영한 패션 브랜드 '펜티Fenty'를 대표적인 사례로 꼽았다. 콧대 높은 명품 업계에서도 셀러브리티의 파급력과 영향력에 의존해야 할 필요성이 커졌기 때문이다. (럭셔리 스타일의 펜티 의류 라인은 중단되었지만 화장품과 속옷 라인은 유지 중이다.)

패션쇼 관객들이 스펙터클한 볼거리를 기대한다는 점 역시 명품 패션 브랜드가 재능 있는 엔터테이너를 디자이너 물망에 올리는 이유다. 할리우드 스타나 K팝 등이 가미된 퍼포먼스가 패션쇼의 새로운 트렌드로 자리 잡아가고 있는 현 추세에 가수 등 엔터테이너들이 적합하기 때문이다. 뉴욕타임스는 "루이비통의 이번 결정으로 오랫동안 얽혀 왔던

interwined 패션과 엔터테인먼트 산업의 융합이 더욱 강화될 것"이라고 전망했다.

이렇듯 콧대 높은 명품 브랜드가 정통 패션 명가 출신이 아닌 소위 '외부인'까지 영입해 가며 패션과 엔터테인먼트 산업의 융합을 노리는 이유는 그만큼 소비자의 니즈와 시대의 변화를 따라잡아야 하는 필요성이 커졌다는 뜻일 수도 있다.

PART 3에서는 이질적으로 보이는 것들을 조합해 새로운 무언가를 만들어 낸 기업의 이야기를 하려고 한다. 우리 주위에는 경영의 정도를 걸으면서도 경쟁자들이 못 본 새로운 시각을 접목한 기업, 업의 성격을 두 차례나 바꿨지만 기업의 근간인 핵심 역량을 잃지 않은 기업, 가장 전통적인 사업 부문에 첨단 기술을 접목한 기업 등 새로운 변화를 모색하는 기업이 생각보다 많다. 물론 이들 기업이 언제나 성공을 거두는 것은 아니다. 때로는 어설프게 만든 퓨전 요리처럼 이 맛도 저 맛도 내지 못하는 경우가 허다하다. 하지만 명확히 자기만의 제3의 길을 발견한 기업들도 있다. 그들은 좌충우돌하면서도 꿋꿋하게 자기만의 길을 찾기 위해 노력했고 지금도 그 길을 걸어가고 있다. 이제 그 모습을 한번 살펴보자.

물건을 사는 대신, 경험을 사는 세상

# 쇼핑과 체험을 결합한 백화점 더현대 서울

## 팝업스토어로 백화점의 공식을 바꾸다

이른 아침부터 판다를 보러 온 사람들의 얼굴은 잔뜩 상기돼 있었다. 사람들은 아기 판다 푸바오가 즐겨 타는 대나무 그네, 푸바오가 죽순을 먹는 전용 식탁인 대나무 좌석을 향해 연신 휴대전화 카메라 셔터를 눌러댔다. 푸바오에 아빠 판다 러바오, 엄마 판다 아이바오, 쌍둥이 동생 루이바오와 후이바오까지 다섯 식구가 함께 찍은 합성 사진이 나타나자 너도나도 달려가 함께 기념 촬영 사진을 찍기도 했다.

여기까지 읽은 이들은 아마도 여기가 판다들이 사는 경

기도 용인 에버랜드라고 생각하기 십상이다. 하지만 사방이 판다 팬들로 북적거리는 이곳은 한 백화점의 팝업 스토어다. 판다를 보러 백화점엘 간다? 얼핏 생각하면 이상할 수도 있지만 이것이 바로 'MZ세대들의 성지聖地'가 된 여의도 더현대 서울의 성공 비결이라 할 수 있다.

2023년 12월, 현대백화점의 더현대 서울 매장은 오픈 2년 9개월 만에 연매출 1조 원을 돌파했다. 1조 원을 돌파한 국내 백화점 중 최단 기간에 세운 기록으로 종전의 최고 기록을 2년 2개월이나 앞당겼다. 특히나 1조 원 매출 달성 당시 백화점 매출의 3대 주역으로 꼽히는 '에루샤(에르메스, 루이비통, 샤넬)' 매장이 없었다는 점을 감안하면 더현대 서울의 성장은 더욱 이례적이다.

사실 더현대 서울의 성공은 예견치 못했던 것이었다. 2021년 더현대 서울이 들어설 때만 해도 '(오피스텔 건물만 즐비한) 여의도 상권에서 백화점은 안 먹힌다.'는 통념이 일반적이었다. 하지만 더현대 서울은 짧은 시간 내 그런 고정관념을 멋지게 깨뜨렸다.

더현대 서울은 이름부터가 남다르다. 이름에서 과감하게 '백화점'과 입점한 지역 '여의도'를 떼버린 것이 마치 기존의 백화점들과는 다른 노선을 걷겠다는 더현대 서울만의 전략과 단순히 여의도에만 그치지 않고 서울을 대표하는 랜드마크가 되겠다는 포부를 동시에 드러낸 것처럼 보인다.

전문가들이 꼽는 더현대 서울의 차별화 전략은 바로 '공간 체험'이다. 백화점을 단순히 물건을 사러 오는 곳이 아니라, 다양한 경험을 즐길 수 있는 놀이의 장場으로 만든 것이다. 이것이 새로운 트렌드에 민감한 MZ 세대의 취향과 잘 맞아떨어지면서 더현대 서울은 역설적으로 온라인 구매가 일상화된 젊은층이 가장 선호하는 백화점으로 자리 잡게 됐다.

현대백화점이 더현대 서울을 통해 이러한 새로운 시도를 한 배경엔 백화점 업계의 위기 상황이 한몫했다. 2000년대 이후 온라인 쇼핑이 급성장하고, 2010년대 접어들어 티몬을 필두로 위메프, 쿠팡 같은 소셜커머스까지 활성화되면서 소비자들은 백화점에서 쇼핑하는 대신 온라인으로 눈길을 돌렸다. 쿠팡이 2016년 로켓배송 서비스를 내세우자 찬거리를 사기 위해 백화점 지하 식품관을 찾던 주부들도 스마트폰 클릭 한 번으로 식재료를 구입하기 시작했다.

백화점 효자 상품 노릇을 해 오던 명품관조차 상황을 반전시키기엔 역부족이었다. 백화점 매장에서 실물을 보거나 피팅을 해 보고 정작 구매는 더 저렴한 온라인을 활용하는 이른바 '쇼루밍showrooming' 족이 등장했기 때문이다.

이렇게 소비의 중심이 오프라인에서 온라인으로 옮겨가면서 백화점은 생존의 위기에 직면하게 됐다. 실제로 일본에선 2023년 1월 도쿄 번화가 시부야의 상징과도 같았던 도큐 백화점 본점이 문을 닫았다. 같은 날 홋카이도에서도 창립 122년이나 된 후지마루 백화점이 폐업해 어린 시절부터 그 백화점을 찾던 연로한 고객들에게 쓸쓸함을 안겼다.

이런 시대적 상황에서 국내 백화점 업계도 안심하고 있을 수만은 없었다. 온라인에선 결코 할 수 없는, 오프라인 매장만의 장점을 살리기 시작한 것이다. 그런 전략의 일환으로 태어난 대표적 매장이 더현대 서울이다.

고객들에게 다양한 체험 거리를 제공하기 위해 더현대 서울은 우선 유행을 실시간 반영한 팝업 스토어에 주력했다. 2023년 11월, '푸린세스', '푸요미' 등 다양한 애칭으로 불리며 톱스타 못지않은 인기를 누리는 판다 푸바오를 콘셉트로 한 팝업 스토어 '푸바오의 집들이'는 사전 예약이 5분 만에 마감될 정도로 폭발적인 인기를 끌었다. 약 2주간 2만 명이 푸바오의 귀여운 이미지를 활용한 굿즈를 샀고, 관련 매출액만 10억 원에 달했다.

더현대 서울의 매출을 견인한 팝업 스토어는 비단 이쁜

만이 아니다. 9인조 보이그룹 '제로베이스원'의 팝업 스토어도 작년 더현대 서울의 대표 성공작으로 꼽힌다. 엠넷 오디션 프로그램 '보이즈 플래닛'을 통해 선발된 이 보이그룹의 연령대는 17~26세로 가장 어린 멤버는 2007년생이다. 또래 세대의 열광과 오디션 프로그램으로 쌓아놓은 인지도에 힘입어 이들의 데뷔 앨범은 불황 속에서도 발매 하루 만에 약 124만 장의 판매고를 올린 바 있다. 그룹의 인기는 팝업 스토어의 인기로 이어져 13억 5000만 원의 매출을 기록하며 2023년 더현대 팝업 스토어 매출 분야에서 1위를 기록했다.

약 200만 명의 유튜브 구독자를 보유한 웹툰 스튜디오 전문 채널 '빵빵이의 일상' 속 캐릭터 빵빵이를 주제로 한 팝업 스토어는 매출액 12억 8000만 원을 기록하며 2023년 더현대 서울의 팝업 스토어 흥행 2위에 올랐다. 2023년 1월 애니메이션 '더 퍼스트 슬램덩크' 국내 개봉에 맞춰 열린 슬램덩크 팝업 스토어 오픈 당시에는 영하 7도의 날씨에도 굿즈를 사려는 고객들이 캠핑 의자와 담요, 보조 배터리까지 챙겨 들고 매장 앞에서 오픈런을 하기도 했다.

더현대 서울에서 이런 팝업 스토어는 연중 몇 번에 그치는 단발성 행사가 아니다. 더현대 서울의 디지털 리포트에 따르면, 2021년과 2022년 2년간 더현대 서울이 진행한 전

푸바오 팝업 스토어 오픈 안내 © 에버랜드 인스타그램

체 팝업 스토어는 321개에 달했다. 이틀에 한번 꼴로 다른 팝업 스토어를 운영한 셈이다. 인스타그램 등 SNS를 즐기는 젊은 고객층이 팝업 스토어에서의 경험을 '인증샷'으로 남기기 위해 더현대 서울을 찾았고, 그 결과 같은 기간 방문자 460만 명, 소셜 미디어 안에서 총 언급량 33만 8266건이라는 성과를 낳았다.

## 물건이 아닌 체험을 파는 곳

고객들이 즐기는 공간을 만들기 위해 이것만으론 부족하다고 생각해서인지 더현대 서울은 인테리어 부문에도 파격적인 실험을 감행했다. '백화점엔 시계와 창문이 없다.'는 통념을 깨고 천장을 모두 유리로 제작해 지하를 제외한 전 층에 모두 햇볕이 닿도록 설계한 것이다.

내부에 기둥이 없다는 점도 더현대 서울의 인테리어 특이점 중 하나다. 세계적인 건축가 리차드 로저스Richard Rogers의 유작이기도 한 더현대 서울 건물은 기둥 대신 외부의 빨간 크레인과 우리나라 전통 방패연을 닮은 천장이 건물을 지지하는 구조다. 한국 전통 건축 양식인 적색 기둥과 단청을 새로운 시각으로 해석한 것이라고 한다. 기둥 없는 독특한 건축 양식은 매장에 탁 트인 개방감을 안겨줬다.

더현대 서울의 공간 활용 방식도 여느 백화점과 차별화된다. 더현대 서울의 고객 동선 너비는 기존 백화점의 4배 수준인 8미터다. 동선 확보를 위해 건물 중앙 공간을 비우고 매장은 사이드에 배치하는 타원형 구조로 꾸몄다. 이 때문에 더현대 서울의 전체 영업 면적 가운데 매장 면적은 4만 5527㎡로, 전체 비중의 51%에 그친다. 그런 이유로 타 백화점에 비해 브랜드 밀집도가 30%나 낮다.

하지만 대신 매장이 아닌 영업 면적의 49%를 조경 및 고객 휴식 공간으로 만들었다. 대표적인 곳이 실내공원 '사운즈 포레스트Sounds Forest'다. 여의도 공원을 70분의 1 크기로 축소해 실내에 조성한 이곳은 유리 천장을 통해 비추는 햇살과 다양한 식물이 어우러진 곳으로, 더현대 서울의 핵심 힐링 공간이다.

마치 도심 속 식물원 같은 분위기를 연출하는 실내공원을 유지하기 위해 더현대 서울에는 50여 종의 생화를 관리하는 4명의 전문 가드너가 상주하고 있다. 실내 공간이기 때문에 자동 급수 시스템을 도입할 수 없어 전문 가드너가 급수량을 관리해야 하기 때문이다. 실내공원의 정원 관리법을 알기 위해 한국식물수목원협회에서 더현대 서울 측에 투어를 신청했을 정도로 성공적으로 관리되고 있다.

이런 남다른 분위기로 인해 더현대 서울은 소비자들 머릿속에 그저 필요한 물건을 사러 오는 곳이 아니라, 느긋하게 매장 이곳저곳을 둘러보며 오래 머무르고 싶은 공간으로 인식되게 됐다. 소비자 데이터 플랫폼 오픈서베이가 조사한 자료에서도 더현대 서울을 방문한 이들의 방문 목적은 '쇼핑'보다 '경험'에 치중돼 있는 것으로 나타났다.

정지영 현대백화점 사장은 더현대 서울의 성공을 '오프라인의 재발견'과 '공간 경험 가치의 극대화'라는 말로 표현했다.

오프라인 매장을 체험의 장으로 활용하는 것은 해외에서도 자주 하는 전략이다. '세계에서 가장 흥미로운 매장'을 콘셉트로 2018년 뉴욕 맨해튼에 문을 연 쇼필즈Showfields는 리테일뿐 아니라 아트와 컬처를 한곳에 모아 고객들이 물건을 구매하면서 특별한 문화적 체험을 할 수 있도록 만들었다. 곳곳에 예술 작품이 전시된 갤러리, 브랜드 매장이 미로처럼 펼쳐지는 이곳은 마치 현대 미술 전시회장을 연상케 한다. 또 예약제로 운영되는 가이드 투어 '하우스 오브 쇼필즈house of Showfields'는 매장 3층의 숨겨진 공간에서 미끄럼틀을 타는

더현대 서울 내부 모습

것으로 시작해 가이드 안내에 따라 매장 곳곳을 다니며 여러 브랜드의 제품을 시험 사용해 볼 수 있는 흥미로운 이벤트다.

맨해튼의 완구점 캠프CAMP도 테마에 따라 바뀌는 체험 공간에서 주 고객인 아이들이 다양한 체험을 할 수 있도록 꾸몄다. 런던, 파리 등 6개 도시 여행을 테마로 했을 때는 코스타리카 정글을 배경으로 만든 미끄럼틀을 배치하거나, 런던의 대표 상징물 빅벤 주위에 영국과 관련된 제품을 배치해 아이들이 직접 가지고 놀 수 있도록 하는 식이다. 이런 체험 마케팅 덕분에 캠프는 언제나 가족 단위 고객들로 북적거린다.

10여년간 글로벌 리테일 트렌드를 분석한 황지영 노스캐롤라이나대 교수는 저서 『리스토어』에서 "오프라인은 결코 죽지 않는다."라고 주장했다. 하지만 모든 오프라인 매장이 그렇다는 말은 아니다. 오프라인에서만 느낄 수 있는 매력적이고 차별화된 가치를 제공하는 기업만이 살아남을 수 있다.

더현대 서울이 고객들을 끌어들일 수 있었던 것은 바로 차별화된 가치, 경험을 극대화한 전략이었다.

## MZ 세대를 위한 백화점

백화점을 물건이 아닌 체험을 파는 공간으로 탈바꿈시킨 것은 더현대 서울의 가장 큰 성공 포인트지만, 이것이 유일한 이유는 아니다. 주요 고객층을 겨냥한 마케팅 방식 역시 더현대 서울이라는 독특한 브랜드가 탄생한 비결 중 하나로 꼽을 수 있다.

모든 물건을 구비해 놨다는 백화점百貨店이라는 명칭에 걸맞게 기존의 백화점은 남녀노소 누구나 찾아오는 곳이라는 인식이 강했다. 하지만 더현대 서울은 철저하게 젊은 세대, 더 좁게는 MZ 세대를 겨냥했다.

특히 지하철로 곧장 연결되는 지하 2층의 고객 비중은 절대적으로 MZ 세대의 비중이 높다. 백화점 관계자에 따르면 이곳을 기획할 때 실무자들에게 주어졌던 미션은 '임원들이 모르는 브랜드로 공간을 채우는 것'이었다고 한다. '크리에이티브 라운지Creative Lounge'라고도 불리는 지하 2층에는 '마뗑 킴Matin Kim', '미스치프MISCHIEF', '시에SIE', '인사일런스INSILENCE'등 온라인을 기반으로 성장한 국내 브랜드가 입점해 젊은층의 취향을 저격하고 있다.

더현대 서울 매장 안에는 아예 39세 이상은 입장할 수 없는 곳도 있다. 20세 이상 39세 미만이면서 연간 구매 실적이 3000만원 이상인 젊은 VIP 고객들을 대상으로 하는 전용 라운지 와이피하우스YPHAUS다. VIP 전용 라운지에서의 경험을 인스타에 올리는 '영 앤 리치' 고객들로 인해 입소문이 나면서 이 YP 클럽의 회원이 되려는 사람들로 라운지 앞은 주말마다 줄이 길다.

MZ 세대 사이에서 절대적인 더현대 서울의 인기는 한국을 넘어 해외로까지 전해지고 있다. 2023년 1월부터 7월까지 더현대 서울의 외국인 매출 신장률은 전년 같은 기간 대비 779.7%로, 같은 기간 현대백화점 전체 평균 신장률(302.2%)과 비교해 두 배 이상이었다. 외국인 구매 고객 중에서도 20~30대가 67%로, 3명 중 2명이 MZ세대인 것으로 조사됐다. 더현대 서울 측의 설명에 따르면, 더현대 서울 매장 모습을 촬영한 사진이 SNS를 통해 글로벌 MZ세대에게 전해지면서 인증샷 관광명소로 자리매김한 결과라고 한다.

백화점 업계 불황 속에서도 눈부신 성장세를 기록한 더현대 서울은 해외에서도 모범 경영 사례로 꼽힌다. 2023년 7월 외국인을 대상으로 시작한 '더현대 서울 벤치마킹 투어 프로그램'에는 루미네·한큐(일본), 엘 팔라시오 데 이에로(멕시코), 시암 파라곤(태국) 등 각국 백화점 및 쇼핑몰을 비롯해 네슬레, 제너럴밀스, 포르쉐 등 국경과 업종을 넘나드는 글로벌 기업 최고경영자CEO와 임원진이 참여한 바 있다.

더현대 서울의 성공을 한마디로 정리하자면, 업業의 본질을 버리지 않으면서 성장을 위한 새로운 활로를 개척했다는 데 있다. 더현대 서울은 다양한 물건을 구비하고 판매하는 백화점 업의 핵심을 유지한 대신, 단순히 물건을 전시하고 판매하는 데 활용했던 매장을 문화 체험 공간으로 변신시킨 전략을 덧입혀 기존에 없었던 새로운 브랜드, 즉 합合을 이끌어냈다.

또한 다수의 고객에게 직접 물건을 판매하는 소매업의 근간을 바꾸지 않으면서, 불특정한 다수 고객을 겨냥하던 것을 유행에 민감한 MZ세대로 고객을 특정하고 최대한 그들의 관심을 집중시키는 데 주력했다. 다시 말해 바뀐 것은 외형적 틀일 뿐, 사업의 핵심과 현대백화점이 추구했던 본래의 가치는 그대로 유지한 것이다.

지킬 것은 지키고 바꿀 것은 바꿔서 그 둘을 절묘하게 결합한 더현대 서울은 하루가 바쁘게 변화하는 사회에서 전통을 지키면서 변화를 꿈꾸는 여러 기업들에게 모범적인 합의 사례가 어떤 것인지를 보여 준다.

철강에서 전기, 다시 에너지 관리 기업으로

# 굴뚝 기업에서 솔루션 업체로 변신한 슈나이더

## 몇 번의 대수술을 감행한 슈나이더

서울 강동구 상일동에 있는 삼성 엔지니어링 사옥은 언뜻 보면 일반적인 회사 사무실과 비슷하지만 한 가지 다른 점이 있다. 그것은 바로 같은 공간 내에서도 자리에 따라 조명등의 밝기가 다르다는 점이다. 무슨 까닭일까? 이는 사무실 내부에서 자연광의 정도에 따라 조명을 자동으로 제어하는 장치가 작동하고 있기 때문이다.

창가 자리는 자연 채광이 비칠 경우 최대 밝기의 30퍼센트까지만 조도照度를 올리고 그보다 먼 자리는 50퍼센트, 창에서 가장 먼 어두운 자리는 70퍼센트까지 조명이 들어온다. 이 제어 시스템은 세계 최대의 에너지 관리 기업 슈나이더 일렉트릭Schneider Electric(이하 슈나이더)이 공급한 것이다.

프랑스에 있는 슈나이더의 본사 건물도 독특한 에너지 관리 소프트웨어를 활용한다. 가령 건물 천장과 벽에 설치한 위치 감지 센서가 직원들의 움직임을 감지해 자동으로 조명을 조절한다. 만약 건물 내부에서 한 시간 동안 직원들의 움직임이 감지되지 않으면 사람이 없는 것으로 판단해 조도를 50퍼센트 낮추고, 이후 한 시간 뒤에도 인기척이 없을 경우 조도를 다시 절반으로 줄인다. 경비원이 모니터로 빌딩 내 여러 사무실을 점검해 사람이 없으면 직접 올라가 소등하는 기존의 방식과는 큰 차이가 있다.

연면적 43만 제곱미터(약 13만 평)에 달하는 서울 삼성동 코엑스와 베이징올림픽 주경기장, 시드니 오페라하우스에서도 전력을 자동으로 관리하는 슈나이더의 기술이 돋보인다. 슈나이더는 소프트웨어 기반 솔루션 업체로 2022년 기준 360억 달러(약 48조 8880억 원)의 매출을 올렸고, 2023년 《포춘》이 선정하는 글로벌 500대 기업 421위, 2022년엔 시장 조사기업 가트너가 선정하는 공급망 선도 상위 25개 기업 중 2위를 기록했다.

슈나이더가 처음부터 소프트웨어 업체로 출발한 것은 아니다. 1836년에 설립된 이 회사는 원래 철강을 생산하던 전형적인 굴뚝 기업이었지만 이후 전기 회사로, 다시 에너지 회사로 변신을 거듭했다. 사실 기업이 변화하는 것은 매우 어려운 일이다. 더구나 하드웨어적인 기업이 소프트웨어적인 기업으로 변신하려면 뼈를 깎듯 각고의 노력이 필요하다. 전형적인 제조 회사로 출발한 슈나이더는 어떻게 지금과 같은 모습으로 변신할 수 있었을까?

처음 인터뷰를 요청했을 때 슈나이더 본사에서는 장 파스칼 트리쿠아Jean-Pascal Tricoire 회장(슈나이더에서는 그를 JPT로 부른다)이 365일 중 300일 동안 해외 출장을 가므로 아시아에 머물 때 날짜를 잡아 보자고 답변했다. 그렇게 해서 듣던 대로 소탈하고 꾸밈이 없는 그를 홍콩에서 만났다.

트리쿠아 회장은 수행 비서를 두지 않으며 해외 지사를 방문할 때도 사전 연락 없이 혼자 공항에서 택시를 타고 사무실에 도착하는 바람에 지사 직원들이 깜짝 놀란다고 한다. 정작 트리쿠아 회장은 "혼자 길을 못 찾는 것도 아닌데 괜히 열심히 일하는 직원들을 방해할 필요가 뭐가 있느냐."고 되묻는다. 평사원부터 시작해 차근차근 승진을 거듭한 끝에 조직의 수장이 된 그의 이력을 돌아보게 하는 대목이다. 직접

대화를 해 보니 그의 가장 큰 무기는 성실함과 타인을 향한 배려라는 생각이 들었다.

그래서 그런지 "우리가 가장 소중하게 생각하는 것은 고객이고 늘 고객이 하는 말에 귀를 기울이려 한다."는 그의 말이 허투루 들리지 않았다.

약 190년의 전통을 자랑하는 슈나이더는 두 번의 극적인 변화 속에서 살아남았을 뿐 아니라 변화 이후 오히려 더욱 성장했다. 단순히 운이 좋아서 혹은 시대의 조류에 잘 편승해서 그처럼 오랜 세월 동안 비즈니스를 성공적으로 영위해 온 것일까? 200년 가까운 세월 동안 치열한 비즈니스 세계에서 살아남았다면 분명 그 기업만의 무언가가 있지 않을까?

급격한 변화의 조류에 몸을 맡긴 슈나이더는 변화할 타이밍을 포착하는 데 심혈을 기울였다. 특히 무엇을 지키고 무엇을 포기할 것인지 신중하게 고민했고 일단 결단을 하면 과감하게 밀고 나갔다. 설령 그 결단이 대수술을 감행해야 할 만큼 엄청난 변신을 요구하더라도 말이다.

## 미래의 먹거리로 눈을 돌리다

슈나이더는 1836년 아돌프Adolphe와 유진 슈나이더Eugene Schneider 형제가 광산과 용광로, 주조 공장을 사들여 설립한 회사다. 이들은 19세기 후반부터 변압기와 발전기 같은 전기 설비 제조업으로 사업 영역을 확장했는데, 제1차 세계대전 이후 국가 인프라 재건 사업 덕분에 커다란 호황기를 맞이했다.

몇 대에 걸쳐 가족 회사 형식으로 운영되어온 슈나이더는 1980년대에 첫 번째 변화를 겪었다. 1960년 슈나이더 가문의 마지막 경영자 찰스 슈나이더가 갑자기 사망한 것이다. 당시 슈나이더 가문이 최대주주 지위를 유지할 만큼 충분한 지분을 확보하지 못해 회사는 당장 경영권 승계 문제에 맞닥뜨렸다. 제2차 세계대전 후 핵심 사업인 철강, 제철 산업이 내리막길을 걷자 벨기에 등의 해외 자본에 수익성이 약한 사업 분야를 파는 과정에서 보유 지분을 대량 처분했기 때문이다. 결국 슈나이더는 1986년 전문 경영인 디디에 피노-발렌시엔Didier Pineau-Valencienne을 영입했고 이로써 오너 경영 시대는 막을 내렸다.

새로 취임한 발렌시엔은 전기 산업이 유망하리라 보고

그룹의 심장이던 철강과 선박 사업을 매각해 프랑스와 미국의 전력 설비 제조 회사를 인수하는 등 대대적인 업종 전환을 꾀했다. 슈나이더를 제철, 선박, 중공업, 군수 등 문어발식 거대 복합 기업에서 핵심 사업 하나에 주력하는 기업으로 그 체질을 바꿔 놓은 것이다.

기업이 체질을 완전히 바꾸려면 기존에 잘하던 것을 버리고 새로운 조류에 몸을 실어야 하기 때문에 이는 결코 쉬운 일이 아니다. 만약 성공하지 못할 경우 기업의 존립 자체가 위협을 받을 수도 있다. 다소 방만하던 가족 경영에서 벗어난 슈나이더는 전문 경영인을 영입해 조직 기반을 탄탄히 다졌고 전기 분야 하나에 집중함으로써 첫 번째 변화의 물결을 무사히 헤쳐 나갔다.

두 번째 변화는 1990년대 후반에 찾아왔다. 전기 시스템 제조업체로 전성기를 구가하던 슈나이더는 당시만 해도 생소한 에너지 제어 관리 분야 쪽으로 눈을 돌렸다. 고객사에 퓨전, 소켓, 스위치 같은 전기 생산 설비를 제공하는 데 그치지 않고 제품을 가장 효율적으로 사용하도록 에너지 관리 및 제어 소프트웨어까지 함께 제공하기 위해서였다.

새로운 산업으로 전환을 꾀한 슈나이더의 변화는 성공적이었다. 기업들이 점점 생산비 절감을 위해 에너지 효율화에 관심을 기울였기 때문이다. 실제로 몇 년 전 터진 일본의 원전 사태나 한국의 블랙아웃 위기에서 볼 수 있듯 에너지 관리의 필요성은 점점 더 커지고 있다. 여기에다 IT 기술이 발달하면서 스마트 홈, 스마트 빌딩, 스마트 도시처럼 에너지 효율을 극대화한 건물과 인프라가 각광을 받고 있다.

일찌감치 미래로 눈을 돌린 슈나이더는 약 60년 전 존폐를 걱정하던 상황에서 벗어나 《포춘》 선정 글로벌 500대 기업에 이름을 올릴 정도로 부활에 성공했다. 한국에서는 삼성 엔지니어링과 현대중공업 등이 슈나이더와 고객 사이고 LS산전과는 경쟁 관계다. 이러한 슈나이더의 잇따른 변신은 컬럼비아 대학 리타 맥그래스Rita McGrath 교수가 "오늘날처럼 경쟁이 치열하고 각 산업 사이의 경계가 불분명한 시대에는 기업이 시대의 흐름에 따라 한 영역에서 다른 영역으로 자연스럽게 리듬을 타듯 움직이는 전략이 필요하다."고 한 말을 연상케 한다.

슈나이더처럼 미래를 위해 사업 전환을 꿈꾸는 기업은 어떤 점에 유념해야 할까. 트리쿠아 회장은 이렇게 얘기했다.

"10년 전 우리는 전기 하드웨어 업체에서 에너지 관리에 대한 솔루션을 제공하는 업체로 변화를 꾀했습니다. 그리고 현재까지 회사 규모가 세 배 정도 성장했습니다. 이러한 결과가 우리의 신속함을 증명한다고 생각합니다. 변화를 꿈꾸는 기업은 고객이 원하는 것을 따라가야 합니다. 그것이 변화를 꾀할 때 기억해야 할 전부입니다. 기업이 나아가야 할 방향은 기업 내부가 아니라 언제나 외부, 즉 고객에게서 나옵니다."

슈나이더 본사 전경 © Schneider Electric

## 제품이 아닌 해결책을 판다

한국에도 슈나이더처럼 극적인 변신을 꾀한 사례가 있는데 그 기업은 바로 두산이다. 1896년 포목상으로 시작한 두산은 원래 맥주와 음료, 식품 등 소비재를 만드는 기업이었다. 그런 두산이 체질 개선을 시작한 시기는 1990년대 중반으로 당시 OB맥주는 하이트와의 경쟁에서 밀려 고전을 면치 못하고 있었다. 두산은 1995년 9000억 원, 1996년 5600억 원의 마이너스 현금 흐름을 기록했고 채권 시장에서 부도 예상 1순위 기업으로 꼽혔다.

위기 상황에 내몰린 두산은 1996년부터 본격적인 구조조정 작업에 들어갔다. 그들은 사옥을 비롯해 부동산을 처분했고 주력 품목이던 OB맥주마저 팔아치웠다. 이렇듯 핵심사업까지 버린 두산은 2000년 이후 미래의 새로운 먹거리를 찾는 데 주력하기 시작했다. 2001년 두산은 담화수 설비를 전문으로 하는 한국중공업을 매입해 두산중공업으로 거듭났고, 2005년에는 굴착기 분야 1위 업체인 대우종합기계(현 두산인프라코어)를 인수했다. 그리고 2000년대 후반부터는 미국 AES, 영국 미스이밥콕 등 경쟁력 있는 외국 기업을 적극 인수해 과거 소비재 제조 기업에서 지금과 같은 담수 플

랜트, 산업 설비 생산업체로 거듭났다.

이처럼 두산이 사업 방향을 전환한 목적은 위기 상황 타파였다. 그렇다면 슈나이더가 전기 설비 생산에서 에너지 관리로 사업 방향을 전환한 직접적인 계기는 무엇일까.

당시 슈나이더는 전기 설비 생산 분야에서 글로벌 선두를 달리고 있었다. 사실 섣불리 신사업에 도전했다가 실패한 사례는 무수히 많다. 그럼에도 불구하고 슈나이더는 신사업을 CEO의 직속 전담 사업으로 결정하고 강하게 밀어붙였다. 왜 그들은 이러한 위험 부담을 안고 신사업을 추진했을까? 전환점이라고 할 만한 특별한 사건이 있었던 것은 아닐까? 트리쿠아 회장은 간단하게 "그저 고객이 원하는 것에 민감하게 반응했기 때문"이라고 말했다.

> "고객사인 공장들이 우리에게 이런 주문을 했습니다. '슈나이더가 공장에 전기 시스템을 설치했는데 그 시스템을 자동화하면 어떨까요? 전기가 주요 에너지 공급원이다 보니 그 과정이 좀 더 효율적이고 에너지 낭비를 줄이는 쪽으로 바뀌었으면 좋겠어요.'라거나 '전기 시스템뿐 아니라 그 시스템을 제어할 제어 장치와 소프트웨어 프로그램을 만들어 주세요.' 같은

> 것이죠. 우린 고객사들의 그러한 이야기에 귀를 기울였고 결국 에너지 사업에 뛰어든 겁니다."

슈나이더가 적절한 시점에 변화를 꾀하도록 한 계기는 고객에게서 나왔다. 그들은 고객의 이야기를 흘려듣지 않았고 그 안에서 자신들이 어떻게 미래를 걸어가야 하는지 구체적인 길을 보았다.

> "우리는 고객에게 '당신이 무엇을 해야 한다.'고 요구할 수 없습니다. 대신 고객이 요구하는 사항을 수렴해 필요한 답을 건네줄 수는 있지요. 바로 그 시점이 기업이 변해야 할 때입니다."

1986년 평사원으로 입사한 트리쿠아 회장은 2006년 CEO에, 2013년 CEO 겸 회장에 올랐는데(2023년 5월 회장 취임) 그는 슈나이더의 역사를 다음과 같이 요약했다.

> "1836년부터 1980년대까지 슈나이더는 가족이 경영하는 거대 복합 기업이었습니다. 가족 경영진이 회사를 일궜고 몇 대에 걸쳐 경영했지만 1970년대 말 그

런 방식이 실패했죠. 결국 회사가 팔리면서 뿔뿔이 흩어졌습니다. 그 시점에 새로운 회사가 설립된 겁니다. 지금은 우리가 처음에 철강 회사였다는 게 믿어지지 않을 정도입니다. 지난 30년간 슈나이더는 전기 하드웨어에서 전기 하드웨어와 소프트웨어로 사업 모델을 이동했습니다. 현재의 슈나이더는 30년 전에 다시 탄생한 셈입니다."

이 기업은 과거부터 지금까지 슈나이더라는 이름 아래('슈나이더'는 독일어로 '재단사'라는 뜻) 엄청나게 변해왔다. 그뿐 아니라 지금도 변화의 물결을 타고 과거를 뒤로한 채 지속적으로 새로운 길을 향해 달려 나가고 있다. 슈나이더를 새로운 길로 이끈 것은 동종업체 간의 경쟁이나 시장의 압력이 아니라 고객의 요구였다. 고객의 요구를 수용하기 위해 회사의 성격을 과감하게 바꾸고 조직을 대수술하는 것조차 마다하지 않은 슈나이더는 진정한 고객 중심주의가 무엇인지 보여 주고 있다.

## 제조업에서 서비스업으로의 환골탈태

신우석 베인 앤 컴퍼니 파트너는 "B2B 기업은 4단계 성장 경로를 밟는다."고 분석한다. 소수 제품 특화에서 카테고리 내 커버리지 확대 그리고 복수 카테고리로 확장, 토털 솔루션 제공이 그것이다. 간단히 말해 제조업체에서 서비스 업체로 점진적으로 이행해 간다는 얘기다.

B2B 기업의 4단계 성장 경로

| | |
|---|---|
| 1단계 | 소수 제품 특화 |
| 2단계 | 카테고리 내 커버리지 확대 |
| 3단계 | 복수 카테고리로 확장 |
| 4단계 | 토털 솔루션 제공 |

슈나이더는 이에 딱 들어맞는 사례다. 이들은 4단계 성장 경로를 이행하는 과정에서 130여 건의 M&A(인수·합병)를 진행함으로써 기술과 인재를 확보했다. 그들은 프랑스뿐 아니라 해외에서도 탄탄한 기업을 찾았는데, 12년 전 한국의 모터 보호 제조기 업체 삼화이오씨알EOCR을 인수하기도 했다.

과거의 제조업 경험은 슈나이더의 성장 과정에 장애보다 도움을 준 측면이 더 많다. 현재 슈나이더의 제조 공장은 스스로 만든 소프트웨어 기술을 시험하는 무대로서의 역할을 톡톡히 하고 있다. 트리쿠아 회장은 “우리는 이것을 ‘우리가 차려놓은 음식을 우리가 먹기eating our own food’라고 부른다.”며 제조업 공장에서 소프트웨어 기술을 최대한 시험해 보고 있음을 강조했다.

사실 제조업이라는 출신 성분은 서비스업으로 전환하는 데 장애가 될 수 있다. 흔히 산업을 제조업과 서비스업으로 나눌 만큼 두 산업은 여러모로 큰 차이가 있기 때문이다. 트리쿠아 회장은 그 부분을 인정하며 “사실 가장 큰 도전은 적절한 사람을 찾는 것이었다.”고 했다.

> “우선 새로운 경쟁력을 확보하기 위해 우리 회사의 기술자들을 훈련시키고 그들의 능력을 계발해야 했습니다. 그 다음에는 적합한 인재를 채용해야 했지요. 모든 인재를 내부에서 충당할 수는 없으니까요. 마지막으로 외부에서 영입한 인재와 내부 직원들을 잘 융합시키는 게 큰 과제였습니다.”

글로벌 컨설팅 기업 L.E.K. 컨설팅L.E.K. Consulting이 2014년 발표한 보고서에 따르면 지난 5년간 국내 전체 상장사의 M&A를 조사한 결과 부가가치를 창출하는 데 성공한 건수는 3분의 1도 되지 않았다고 한다. 딜로이트의 '2020 M&A 트렌드 설문조사'에서도 최근 2년간의 M&A 중 약 50%가 당초 기대효과를 달성하지 못했다는 결과를 보여줬다.

주요 실패 요인 가운데 하나는 기업 간의 문화 충돌이다. 인수한 기업의 직원과 인수당한 기업의 직원이 조화롭게 어울리지 못해 우수한 인재가 빠져나가는 등 여러 가지 문제가 발생한 것이다. 100여 건이 넘는 인수·합병을 강행한 슈나이더는 이러한 어려움을 어떻게 극복했을까. 트리쿠아 회장은 "경영진이 시간과 노력을 많이 들여야 한다."고 간단하게 대답했다. 그가 1년 중 거의 대부분을 자국이 아닌 해외에서 보내는 까닭도 융합을 위한 노력의 일환이다. 그는 업무 시간의 50퍼센트를 사람들과 함께하는데 그중 절반은 슈나이더 사람들이고 나머지는 고객들이다.

"리더로서 제 소명은 현장에 보다 가까이 있는 것입니다. 본사에만 머물러 있으면 현장의 일을 알 수 없고 소통하기도 어렵지요. 저는 슈나이더의 강점이 전 세계 지사에 인재가 골고루 분포되어 있는 것이라고 봅니다. 혁신을 위한 가장 좋은 방법은 배경이 다양한 구성원들을 섞는 것이지요. 국적, 성별, 교육 정도가 다양한 사람들이 한데 모여 있으면 새로운 것이 나올 확률이 높아집니다. 무엇보다 슈나이더에는 그에 대한 노하우가 있습니다."

슈나이더의 계열사는 100개가 넘고, 세계 곳곳에 있는 공장은 200여 개, 관계 회사는 300개 이상이다. 하지만 슈나이더가 에너지 관리라는 한 분야에 집중하기 때문에 공장과 계열사가 이렇게 많아도 일에서 별다른 혼란은 일어나지 않는다.

슈나이더의 기술력은 산업 전반에 걸쳐 확대되고 있는데 공장의 폐기물을 처리 및 관리하는 소프트웨어 개발과 전 세계 200여 개 도시와 협력해 진행하는 스마트 시티 프로젝트도 그중 하나다. 미국 보스턴에서는 시설물 350개와 교차로 신호등 850개, 가로등 6만 4000개의 에너지 사용량을 관리해 온실가스를 2050년까지 80퍼센트 감축하는 계획을 진행하고 있다. 중국 베이징에서는 도로 혼잡을 줄이기 위해 도심 내 교통 제어 센터 열 곳을 통합 관리하는 교통 제어·

모니터링 시스템을 도입했다.

> "전 세계 빌딩과 인프라 중 80퍼센트가 에너지 효율성이 떨어지고 산업 부문에서는 60퍼센트의 에너지를 낭비하고 있습니다. 그래서 에너지를 효율적으로 관리하는 산업의 전망은 아주 좋은 편입니다."

앞으로 20년, 30년 뒤 슈나이더는 대체 어떻게 변해 있을까. 트리쿠아 회장은 "슈나이더의 미래는 고객에게 달려 있다."고 분명하게 말했다.

## 지킬 것인가 파괴할 것인가, 동시에 추구할 것인가

경영 전문가는 보통 선택과 집중, 경계와 파괴라는 상반된 전략적 대안을 지지하는 두 그룹으로 나뉘고, 서로 반대편을 기업 위기의 원인으로 지목한다. 그러나 슈나이더는 한 우물 파기에 머물지도 않고 무조건 문어발식으로 일을 벌이지도 않는다. 슈나이더는 두 번째 변화를 시도할 때 모든 것을 바꿨지만 전기 기술이라는 핵심 역량은 버리지 않았다.

다른 것은 바꿔도 회사의 근간인 핵심 역량에는 집중하면서 그것을 바탕으로 꾸준히 진화한 것이다.

슈나이더가 제조업인 전기 회사에서 갈고닦은 기술은 소프트웨어 사업에 도움을 주었을까. 트리쿠아 회장은 그 구체적인 내용을 들려주었다.

> "우리의 소프트웨어는 하드웨어와 밀접하게 연관되어 있습니다. 우리는 순수한 소프트웨어 회사도 아니고, 순수한 하드웨어 제조사도 아닙니다. 우리는 우리가 제조한 제품의 역량을 소프트웨어 기술로 확대시키는 회사입니다. 또한 소프트웨어를 통해 좀 더 우수한 역량을 갖춰가는 제조사입니다. 소프트웨어가 우리의 하드웨어로 연결되니까요. 슈나이더는 그 둘을 결합한 겁니다."

제조 공장은 매우 견고한 조직으로, 제품을 생산할 때는 항상 최상의 품질을 지향해야 하고 최고의 생산성을 고려하면서 고객의 요구사항을 충족시켜야 한다. 따라서 제조회사는 강한 규율로 움직일 수밖에 없고 덕분에 기술적 측면뿐 아니라 다른 많은 노하우도 축적할 수 있다. 트리쿠아 회장의 얘기를 들어 보자.

> "영구적인 개선permanent improvement이라는 규율은 우리의 DNA와 조직 문화에 깊이 뿌리박혀 있습니다. 우수한 품질과 영구적인 개선에 대한 집착은 제조업에 뿌리를 둔 우리의 배경에서 나온 것이지요. 그건 지금도 계속 이어지고 있습니다."

과거의 자산은 쉽게 사라지지 않는다. 업業의 정체성을 두 번이나 과감하게 바꾸고, 수차례의 인수·합병으로 기업 구조와 인재를 바꾸면서도 슈나이더는 과거의 역사와 기억의 한 부분을 그대로 보존했다. 전기 회사 시절의 핵심 기술, 제조업 분야에 종사하며 몸에 밴 품질에 대한 집착은 슈나이더의 변신에 걸림돌이 되기는커녕 오히려 발전의 밑거름으로 작용했다.

## 변화하되 변화하지 않기

슈나이더란 독일어로 재봉사를 뜻한다. 그러다 보니 간

슈나이더 본사에서 이루어지는 에너지 모니터링 © Schneider Electric

혹 독일 회사로 오해받기도 하지만 이 회사는 프랑스 기업이다. 내가 홍콩에서 만난 직원들은 그런 질문을 하도 많이 받으니 이젠 누군가가 "독일 회사군요?"라고 말하면 "네, 맞아요."라고 응대한다며 웃었다.

자존심 강한 프랑스 기업이 이처럼 독일색이 뚜렷한 이름을 쓰게 된 이유는 창업자인 슈나이더 형제가 살았던 마을의 역사적 배경 때문이다. 프랑스 소설가 알퐁스 도데가 쓴 『마지막 수업』에 나오는 도시 알자스는 보불 전쟁 패배로 독일에 넘어갔는데, 당시 프로이센 정부는 이 지역에서 독일어만 쓰도록 강요했다. 창업자 슈나이더 형제가 자란 마을은 소설 속의 그 지역에 있었고 그곳에는 슈나이더 형제처럼 독일식 성姓을 쓰는 사람이 많았다.

슈나이더는 20세기 후반과 21세기 초반에 각각 한 차례씩 회사의 성격을 바꿨는데, 그 과정에서 130개 기업을 인수해 수많은 인재를 끌어들였다. 이들은 마치 재봉사처럼 인수·합병한 수많은 회사와 세계 각국의 인재라는 천 조각을 단단히 꿰매고 기워 하나의 멋진 천으로 완성한 것이다.

그처럼 커다란 변화를 겪는 동안 슈나이더는 세 배 이상 성장했고 전 세계 각지로 뻗어나갔으며 새로운 혁신 역량을 갖췄다. 물론 여기에는 혼란과 혼돈이 따랐고 때로는 인재가 빠져나가기도 했다. 이 조직은 그 모든 어려움을 어떻게 극복했을까. 트리쿠아 회장은 슈나이더가 현재의 위치에 이른 비결을 이렇게 설명했다.

> "우리는 문어발식 경영을 하는 거대 복합 기업이 아닙니다. 우리는 우리가 무엇을 해야 하는지 잘 알고 있고 그것은 변화 속에서도 흔들리지 않는 가장 큰 가치입니다. 우리는 고객의 에너지 관리를 도우며 현재의 자리까지 왔습니다. 비록 슈나이더는 빌딩 에너지 관리, 인프라 에너지 관리, IT 에너지 관리 등으로 부문이 나뉘어 있지만 우리는 모두 에너지 관리라는 큰 범주 속에서 함께 일합니다. 제가 직원들에게 어떤 메시지를 전달할 때는 에너지 관리라는 하나의 일을 하는 직원들에게 전달하는 것이지, 각기 다른 일을 하는 사람들에게 전달하는 것이 아닙니다. 우리가 같은 일을 한다는 믿음을 오랫동안 함께 공유하고 지켜낸 것이 현재의 우리가 존재하게 된 이유입니다."

한 조직의 구성원들은 맡은 역할이 조금씩 달라도 모두 같은 가치를 공유할 경우 합심해서 목표를 향해 조직을 이

끌어 나간다. 이는 커다란 배에 올라탄 선원들이 조타수, 기관사 등 저마다 하는 일은 달라도 같은 목적지를 향해 함께 항해하는 것과 마찬가지다. 모든 구성원이 같은 일을 한다는 믿음으로 조직의 가치와 신념을 함께 나누면 그 조직은 규모가 커지고 복잡해져도 방향성을 잃지 않고 한 방향의 목표로 나아갈 수 있다.

1993년 삼성그룹 이건희 회장은 "마누라와 자식만 빼고 다 바꿔라."라고 말했다. 이 말은 오늘날처럼 하루가 다르게 변화하는 경영 환경에서는 1등이라고 자만해선 안 되며, 끊임없이 혁신 및 변화해야 한다는 메시지로 읽힌다. 아마 이건희 회장이 강조하고 싶어한 것도 변화였을 것이다. 하지만 나는 '바꿔라.'는 강렬한 메시지에 가려 사람들의 관심을 끌지는 못했지만, '마누라와 자식만 빼고'라는 대목에 더 마음이 끌렸다.

아내와 자식처럼 자신을 지켜주고 지지하는 존재는 기업으로 치면 핵심 역량 및 기술이라고 할 수 있다. 슈나이더는 철강에서 전기 회사로, 다시 에너지 관리 기업으로 기업의 성격과 하드웨어는 물론 조직구조 및 직원까지 총체적인 수술을 단행했지만 핵심인 전기 기술은 잃지 않았다. 그렇게 핵심 기술을 지킨 덕분에 그것을 발판으로 제2차 변신이 가능했던 것이다.

슈나이더가 잃지 않은 또 다른 중요한 것은 상품이나 서비스가 아니라 근본적인 해결책을 제시하려 한 마음가짐이었다. 이에 따라 이들은 기업의 형태에 연연하지 않고 끊임없이 모습을 바꾸면서도 고객을 지킬 수 있었다.

보통 4단계에 걸쳐 진화하는 B2B 업체는 마지막 단계에서 솔루션 공급자가 된다. 고객은 드릴이라는 특정 제품이 아니라 (벽에) 구멍을 뚫는 도구를 원하지만 기업은 대개 자신의 제품에 집착한 나머지 솔루션 제공이 아닌 '어떤' 드릴을 만들지에 골몰한다.

슈나이더는 건물에서 사용하는 전력이나 용수 관련 설비를 판매하는 데 그치지 않고 에너지 소비 패턴을 최적화하는 솔루션 제공 회사가 되었다. 이는 슈나이더가 끊임없이 최종 소비자의 요구에 귀를 기울이고 문제의 근본적인 해결책을 제시하고자 노력해서 얻은 결과다.

슈나이더는 두 번씩이나 스스로 일궈온 방식을 파괴하고 새로운 길을 택했다. 이것은 반反의 경영법이다. 동시에 그들은 자신들이 반드시 지켜야 할 핵심을 잃지 않고 그 핵심을 고수하는 정도를 걸었다. 다시 말해 슈나이더는 반인 한편

정이고, 정인 한편 반인 경영 방식을 따르면서 자신들만의 새로운 제3의 길을 만들었다.

"고객이 우리에게 길을 알려준다."는 트리쿠아 회장의 말대로라면 슈나이더는 앞으로 어쩌면 제3, 제4의 대변화를 시도할지도 모른다. 그때도 슈나이더가 이제껏 지켜온 가치를 그대로 유지한다면 187년 동안 훌륭한 기업을 이끌어왔듯 앞으로도 슈나이더의 빛나는 이름을 지킬 수 있을 것이다.

지키면서 변화하라

# 끊임없이 변화를 모색하는 테스코, 시슬리

## '이도 저도 아니었던' 테스코의 철저한 변신

영국에서 가장 흔한 슈퍼마켓 체인 테스코TESCO는 편의점처럼 24시간 운영하기도 하고, 다양하면서도 질 좋은 반半조리 식품도 있어서 바쁜 도시인이 편리하게 이용하는 곳이다. 현재 테스코는 30년 가까이 영국 1위의 유통업체 자리를 지키고 있다.

사실 테스코는 1990년대 초반까지만 해도 유통업체로서의 존재감이 미미한 곳이었다. 1993년 《타임》에는 다음과 같은 기사가 실렸다.

> "만약 질 좋은 제품을 구입하고 싶으면 '세인스베리스Sainsbury's(영국의 가성비 좋은 슈퍼마켓 체인)'에 가면 된다. 가격이 저렴한 물건을 구입하고 싶으면 할인점에 가면 된다. 테스코는 그들 중간에 낀 어중간한 존재다."

실제로 1993년 기준 세인스베리스의 시가총액은 85억 파운드가 넘은 반면 이도 저도 아닌 테스코는 시가총액이 45억 파운드에 불과했다.

이런 상황을 극적으로 바꿔 놓은 사람은 바로 전 CEO 테리 리히Terry Leahy다. 그는 14년간 CEO로 재임하면서 테스코를 화려하게 부활시켰다. 리히가 경영진에서 물러난 2011년, 테스코의 시가총액은 성장이 정체돼 있던 세인스베리스를 거의 열 배나 앞질렀다. 그가 CEO에서 물러난다는 소식이 발표되자마자 테스코의 주가가 떨어졌을 정도로 그는 테스코를 상징하는 인물이었다. 나아가 그는 영국 유통업에 크게 기여한 공로를 인정받아 영국 정부로부터 기사knight 작위를 받기도 했다. 전 CEO 리히는 어떻게 이러한 성과를 거둔 것일까.

그는 테스코에 대대적인 개혁을 감행했다. 당시에는 땅

값이 저렴한 교외 지역에 널찍한 쇼핑몰을 여는 것이 유통업계의 정석이었지만, 그는 도심에 사는 사람들이 가까운 곳에서 편리하게 쇼핑하고자 하는 욕구가 크다는 사실을 알고 도심에 소규모 매장을 집중적으로 오픈하기 시작했다.

영국 최초로 24시간 매장과 일요일에 운영하는 매장도 열었다. 공휴일을 철저히 지키는 유럽의 근로 환경에서 일요일에 매장을 여는 것은 시도하기 어려운 일이었지만, 그는 그래야만 고객 곁에서 편리함을 제공하는 테스코의 정체성을 발현할 수 있다고 주장했다. 그는 쇼핑이야말로 사람들이 일요일에 가장 하고 싶어하는 활동임을 알고 있었고, 그 무렵에는 쉬는 날 느긋하게 쇼핑하는 것 자체가 가족이 함께 즐기는 일종의 레저 문화로 변화하는 추세였다. 결과는 기대했던 대로 성공적이었다. 시간당 매출 규모로 볼 때 일요일은 쇼핑객이 가장 많은 날이었고 이후 일요일 영업은 경쟁업체로 확대됐다.

1997년 테스코는 금융업에 진출하는 파격적인 시도를 했다. 지금도 유통업체가 금융상품을 판매하는 사례를 찾아보기 힘들 정도니 이것이 당시 얼마나 이례적인 일이었겠는가. 일부 언론은 "슈퍼마켓에 돈까지 맡기라고 하는 건 고객에게 지나친 요구"라며 테스코의 결정을 비아냥댔다.

테스코 매장 내부와 테스코의 PB 상품들 © TESCO

하지만 전 CEO 리히는 테스코의 고객 중 상당수가 쇼핑하러 나온 김에 은행 업무까지 함께 해결하고 싶어한다는 사실을 간파했다. 테스코는 일반 은행보다 이자율을 우대 적용했고 금융상품도 고객이 쉽게 이해하도록 설명했다. 작은 글씨로 수수료와 약정을 숨기듯 적어놓거나 어려운 전문용어로 고객을 현혹하는 금융계의 악명 높은 관행도 없앴다. 테스코의 금융상품 중 몇몇은 출시 직후 단숨에 10퍼센트 가까운 시장점유율을 기록했고 2008년 전 유럽을 휩쓴 금융위기의 여파에도 타격을 받지 않았다.

테스코는 2009년 로열 뱅크 오브 스코틀랜드Royal Bank of Scotland를 인수한 뒤에도 특별히 테스코 고객을 겨냥한 금융상품과 서비스를 지속적으로 확대했다. 2014년 기준 테스코가 보유한 고객 금융계좌는 약 550만 건에 이르렀는데 전 CEO 리히 자신도 "내가 테스코에서 내린 결단 가운데 가장 잘한 것을 꼽으라면 금융업을 꼽겠다."고 말했다.

이렇듯 테스코는 기존의 조직 운영 방식을 모조리 바꾸고 과거에 하지 않던 혁신적인 시도로 변화를 꾀했다. 이는 '이도 저도 아닌 상태'에서 벗어나기 위한 특단의 조치이기도 했다. 그런데 이 모든 변화 속에서도 단 하나 테스코가 바꾸지 않은 것이 있다. 과연 그게 무얼까.

## 항상 고객의 입장에서 생각하라

전 CEO 리히를 인터뷰 했을 때 그는 경영인으로서 큰 깨달음을 얻은 일화를 들려주었다.

> "제가 막 마케팅 이사로 임명됐을 때 테스코 매장은 유통업계 중에서 인테리어에 가장 많은 비용을 투자하는 것으로 유명했습니다. 실제로 테스코 매장 디자인은 전 세계 유통업체들이 몹시 부러워하면서 앞다퉈 모방할 만큼 훌륭했어요. 그런데 뒤늦게 고객 반응을 조사한 저는 큰 충격을 받았습니다. 전 세계의 건축업계가 칭찬하는 우리의 인테리어를 고객들은 별로 좋아하지 않았기 때문입니다. 그들은 테스코 매장이 마치 창고 같다고 했고 문이 없는 최신식 디자인을 적용한 냉장·냉동 진열대 때문에 매장 안이 너무 춥다고 했습니다. 또 우리는 매장의 전체적인 조명을 약간 어둡게 하되 진열대만 밝게 비추는 설계가 세련된 것이라고 생각했지만 고객은 너무 어둡다고 불평했습니다. 테스코의 설계 담당자들은 유능한 인재이긴 했으나 가장 중요한 고객을 전혀 고려하지 않았던 겁니다."

이 경험을 통해 전 CEO 리히는 고객이 실제로 원하는 것과 기업이 생각하는 고객이 원하는 것 사이에는 상당한 차이가 있다는 사실을 깨달았다. 덕분에 그는 고객이 진정으로 원하는 것을 찾아내 그것을 수용하는 일을 최우선 가치로 삼게 되었다. 이것은 그가 테스코를 이끌며 수많은 혁신을 단행하는 동안 전혀 바뀌지 않은 제1의 가치다.

사실 그가 시도한 여러 가지 도전 자체가 '고객이 원하는 것을 하라.'는 불변의 가치를 뒷받침하기 위한 것이었다. 한밤중 열이 펄펄 나는 아이 때문에 발을 동동 구르는 엄마와 야근을 마치고 집으로 돌아가는 길에 간단한 야식이나 캔 맥주를 사려는 노동자를 위해 24시간 매장을 열었고, 평일에 느긋하게 쇼핑할 여유를 누리기 힘든 고객을 위해 일요일에도 매장을 운영했다. 금융업에 진출한 것 역시 고객의 편의를 위해서였다. 즉, 테스코는 조직의 운영 형태는 여러 차례 바꿨지만 그 핵심인 '항상 고객의 눈으로 바라보라.'는 가치만큼은 지켜온 것이다.

테스코를 영국의 유통업 3위 업체에서 1위로 끌어올리는 데 결정적으로 기여한 테스코 클럽 카드도 고객의 눈으로 바라보라는 가치를 기반으로 탄생한 제도다. 1995년 전 CEO 리히가 마케팅 이사 시절에 도입한 테스코 클럽 카드는 포인트 카드의 일종으로 다른 포인트 카드와 차별적인 부분이 두 가지 있다. 하나는 고객이 얼마나 구매하든 할인해 준다는 점이고, 다른 하나는 구매 금액이 증가해도 더 높은 할인율을 제공하지 않는다는 점이다. 이는 대량 구매하는 고객에게 혜택을 몰아주는 여느 포인트 카드와 달리 많게 사든 적게 사든 모든 고객에게 똑같이 감사하다는 메시지를 전하기 위해서다.

이러한 차별성에 힘입어 테스코 클럽 카드는 단기간에 1000만 회원(당시 영국 전체 가구 수는 2600만)을 유치할 정도로 인기를 끌었고 2023년 기준 2100만 회원이 가입되어 있다. 테스코는 여기에 그치지 않고 방대한 고객 데이터를 바탕으로 누가 어떤 상품을 구매하는지, 어떤 식의 쇼핑 습관이 있는지를 면밀히 분석해 회원 각각의 소비 습관과 취향에 맞춘 상품 할인 쿠폰을 연간 700만 개씩 발행했다.

유통업체가 발행하는 쿠폰은 대개 무작위로 발송하기 때문에 쿠폰을 사용할 수 있는 품목이 소비자가 필요로 하지 않는 물건인 경우가 많다. 반면 테스코의 쿠폰은 철저한 고객 분석을 바탕으로 발행하는 까닭에 업계 쿠폰 평균 사용률(2퍼센트)보다 훨씬 더 높은 사용률(20~50퍼센트)을 보일 수 있었다. 전 CEO 리히는 이렇게 말했다.

"사람들의 라이프스타일과 요구, 고객이 원하는 것, 사회 트렌드는 매우 빨리 바뀝니다. 일상생활과 밀접하게 관련이 있는 유통업체는 그들이 무엇을 원하는지 제대로 분석하고 그 요구에 답변해야 합니다. 그들의 요구에 부응할 준비를 갖출 때 우리는 경쟁자들을 앞지를 수 있습니다. 저는 CEO로 재직할 때 고객이 무엇을 원하든 그 요구에 따르겠다고 결심했습니다."

테스코는 수차례에 걸쳐 커다란 변혁을 시도했지만 고객의 요구를 수용한다는 구심점에다 '항상 고객의 눈으로 바라본다.'는 가치를 지켜 흔들림 없이 앞으로 나아갈 수 있었다. 이것이 바로 변화하면서도 변화하지 않는, 정과 반을 동시에 추구해 새로운 것을 만들어 내는 기업의 성공 포인트다.

## '최고'라는 불변의 가치를 위해 끊임없이 변화한다

몇 년 전 국내에서 크게 인기를 끈 미국 드라마 「섹스 앤 더 시티Sex and the City」에는 주인공 중 한 명인 사만다가 핸드백 하나 때문에 톡톡히 망신을 당하는 에피소드가 나온다.

홍보 전문가 사만다는 그 핸드백이 몹시 갖고 싶어 안달했지만 대기 리스트가 워낙 길어서 몇 년이나 기다려야 했다. 하루라도 빨리 핸드백을 갖고 싶었던 그녀는 자신의 고객인 유명 영화배우가 핸드백의 주인이라고 거짓말을 한 뒤 대기 리스트에 그의 이름을 올려 1순위로 핸드백을 갖지만 결국 거짓말이 들통 나 고객과 핸드백을 모두 잃었다.

뉴욕의 패셔니스타 사만다가 그토록 갖고 싶어한 핸드백은 바로 에르메스Hermes의 버킨 백Birkin bag이다. 에르메스는 철저하게 장인 정신에 입각한 제조 과정과 초고가 때문에 명품 중의 명품이라 불리는 브랜드다.

에르메스 가방은 장인匠人 한 명이 처음부터 끝까지 책임지고 만든다. 가죽을 다듬어 수만 번의 바느질을 거치는 모든 과정을 한 사람이 도맡으므로 에르메스 내에는 분업 시스템이 존재하지 않는다. 가방 하나당 평균 제작 시간은 열다섯 시간인데, 프랑스 노동법이 하루 근로 시간을 일곱 시간으로 정해놓아 한 달에 생산 가능한 가방이 고작 열 개밖에 안 된다. 그렇다고 오랜 세월 숙련도를 쌓아야 하는 장인을 한꺼번에 늘릴 수도 없으니 고객은 주문한 뒤 오랫동안 기다리는 수밖에 없다.

이처럼 과거의 방식을 굳건히 고집하는 에르메스의 모

토는 아이러니하게도 '모든 것은 변한다. 하지만 변하는 것은 아무것도 없다.Everything changes but nothing changes.'이다. 어찌 보면 과거에 갇힌 듯한 에르메스가 추구하는 변화란 대체 무엇일까.

에르메스에는 200여 명의 디자이너가 있다. 이들은 해마다 생산하는 에르메스 제품 중 약 70퍼센트의 디자인을 6개월마다 한 번씩 바꾼다. 에르메스가 해마다 만드는 가방, 시계, 스카프, 옷 등은 5만 종류이므로 약 3만 5000개의 제품의 디자인이 6개월마다 조금씩 바뀐다는 얘기다.

제조는 프랑스에서 하지만 디자이너는 창의적 영감을 불어넣기 위해 아프리카에서 아시아까지 세계 각국 출신으로 구성돼 있다. 변치 않는 최고의 품질, 최상의 이미지를 유지하는 동시에 디테일한 부분에서는 끊임없이 변화를 추구하는 셈이다.

장인의 기술력과 정성이 깃든 최고의 제품을 만들겠다는 에르메스의 고집과 열정은 '정'의 방식이다. 그러나 거기에 안주하지 않고 트렌드와 시대를 따라가면서 기존의 디자인을 끊임없이 변화시키는 것은 '반'의 방식이다. 에르메스는 정과 반을 지키면서도 꾸준히 변화하는 기업의 전형을 보여주고 있다.

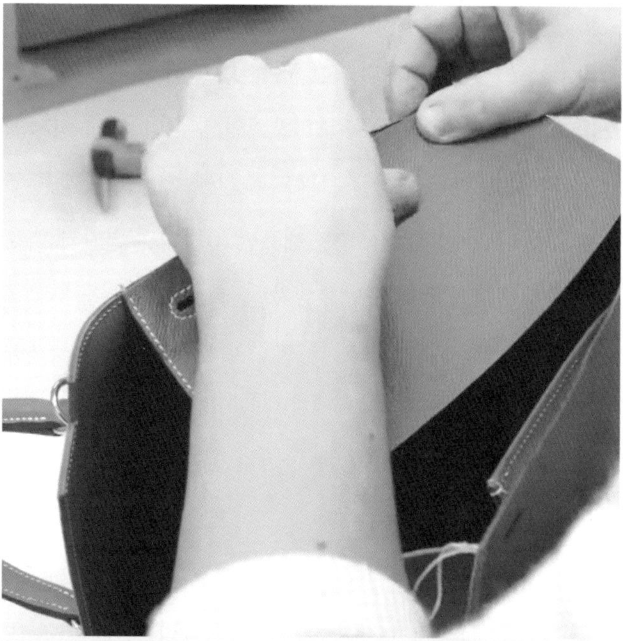

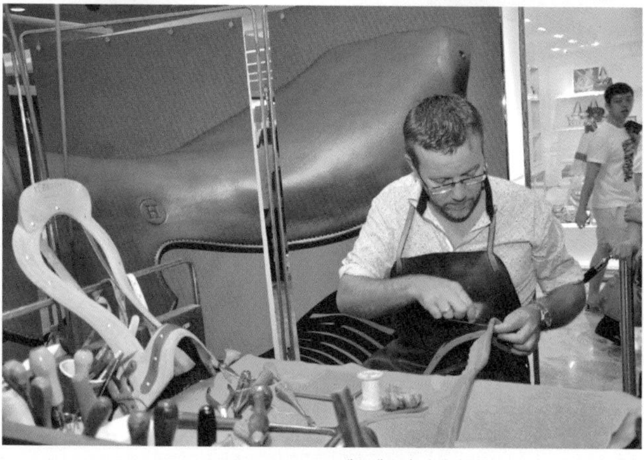

에르메스의 장인이 작업하는 모습 © Hermes

한편 화장품 브랜드 시슬리Sisley는 화장품 업계의 에르메스라고 불릴 만한 회사다. 시슬리는 1976년 위베르 도르나노Hubert d'Ornano 백작이 폴란드 왕족의 후손인 아내 이자벨Isabelle과 함께 만든 화장품 브랜드로 천연 식물 추출액을 주원료로 한다. 주변에서 식물성 재료만 고집하면 원가가 너무 높아져 상품성이 없다고 만류했지만 부부는 "피부에 부담을 주지 않는 천연 원료로 최고의 제품을 만들겠다."며 세계적인 식물학자들에게 조언을 구하는 정성으로 오늘날과 같은 시슬리의 기반을 다졌다. 현재 창업자 도르나노 부부는 경영 일선에서 물러났고 아들인 필립 도르나노Philippe d'Ornano가 회사를 운영하고 있다.

그렇다면 시슬리가 가장 중요하게 생각하는 가치는 무엇일까. 창업자의 뜻을 이어받은 필립 회장은 조금도 망설이지 않고 "최고의 품질을 유지하기 위해 타협하지 않는 것"이라고 말했다.

> "시슬리 제품이 너무 비싸다고 불평하는 고객도 많습니다. 경영자 입장에서 저도 가격에 신경을 쓰지요. 그러나 가장 중요한 것은 최고의 품질을 유지하는 겁니다. 최고의 제품을 만드느라 제품 가격이 비싸져

시슬리를 사용하지 못하는 사람이 생기는 건 슬프지만, 그들 중에는 '언젠가 돈이 모이면 꼭 시슬리를 살 거야.'라고 생각하는 사람이 많습니다. 그만큼 믿을 수 있는 제품이라고 생각하는 거죠."

이 원칙을 고수하기 위해 시슬리는 다른 화장품 회사와 달리 제품을 개발할 때 소요되는 비용과 시간에 제한을 두지 않는다. 2년 혹은 3년 뒤에 어떤 결과물이 나와야 한다는 제약이 없는 대신 품질을 타협하지 않는다. 따라서 각 생산 라인의 실험실에서는 만족스러운 결과물이 나올 때까지 테스트가 이뤄진다. 대표적으로 안티에이징 제품 시슬리아Sisleya에는 50여 가지의 성분이 들어가는데 이 상품은 개발에만 무려 10년이 걸렸다.

이처럼 시슬리는 원칙을 고수하는 한편 지속적으로 변화와 기술 발전을 시도한다. 예를 들어 2015년 9월 출시한 하이엔드 안티에이징 나이트크림 '수프리미아 보므supremya baume'는 6년간의 연구 끝에 2009년 출시한 수프리미아의 단점을 보완한 업그레이드판이다. 시슬리의 호세 지네스타Jose Ginestar 제품 개발 연구소장의 얘기를 들어 보자.

"갓 출시했거나 개발이 끝난 제품도 연구진의 손을 떠나면 과거가 되므로 우리는 끊임없이 새로운 것을 찾습니다. 수프리미아 보므도 제겐 이미 과거입니다. 지금은 다른 새로운 제품을 연구하고 있지요"

시슬리는 남들이 시도하지 않던 천연 식물 추출물을 재료로 한 화장품 분야에 주력해 화장품 업계의 명품이라는 브랜드 이미지를 구축했지만 거기에 안주하지 않았다. 호수에서 고귀함을 뽐내는 백조가 수면 아래로는 열심히 물장구를 치는 것처럼 보이지 않는 곳에서 끊임없이 기술을 개발하며 혁신을 시도한 것이다. 이것이 변화하는 동시에 변화하지 않는 시슬리의 성공 비결이다.

지속적으로 성장 및 발전하는 기업은 변화하는 동시에 변함없이 핵심 가치를 유지한다. 즉, 그들은 상충하는 듯한 두 가지 가치 중 어느 한쪽을 포기하지 않고 둘을 함께 손에 넣는 자신들만의 방법을 찾는다.

경영 전문가 짐 콜린스Jim Collins는 『성공하는 기업들의 8가지 습관Built to Last』에서 "'아니면or'이라는 악령에서 벗어나 '그리고and'라는 신神을 받아들여라."라고 조언한다. 많은 기업이 변화 아니면 안정, 신중한 전략 아니면 높은 품질, 장기적 투자 아니면 단기적 수익 가운데 하나를 선택하려 한다. 그러나 콜린스가 비전 기업visionary company이라고 부른, 장기간 생존하면서 성장하는 기업들은 A 아니면 B가 아니라 A 그리고 B를 추구했고 A와 B 모두를 훌륭하게 결합하는 데 성공했다.

콜린스는 제너럴 일렉트릭GE의 경우 '우리가 하는 사업에서 업계 1위 혹은 2위가 된다.'는 안정 지향적인 가치와 '소기업의 속도와 기민함을 갖추도록 회사를 변화시킨다.'는 혁신적인 가치 가운데 어느 하나도 포기하지 않고 둘 모두를 추구해 지금 같은 위상을 갖게 됐다고 지적했다.

테스코도 마찬가지다. 테스코는 고객의 눈으로 바라보라는 핵심을 보존하면서 개혁을 단행한다. 에르메스와 시슬리는 최고의 제품을 생산한다는 불변의 가치를 지키기 위해 매년 조금씩 디자인을 바꾸거나 지속적으로 혁신적인 제품을 만들면서 변화와 혁신을 함께 이끌어가고 있다.

이처럼 A 아니면 B라는 흑백 논리적 사고에서 벗어나 A와 B를 함께 추구하는 방법을 적극적으로 찾아 나설 때 기업은 더 많은 가능성, 더 다양한 성장의 길을 발견할 수 있다.

# 전통에 첨단 기술을 가미한 야마하, 스시로

## 첨단 기술로 최고의 악기에 도전하다

야마하Yamaha라는 이름은 우리에게 익숙하지만 피아노로 유명한 이 기업이 바이올린 제작에서도 유명세를 떨친다는 사실을 아는 일반인은 그리 많지 않다.

악기 제조업체는 대개 전통 기술을 엄격하게 지키기로 소문이 나있다. 특히 이름 있고 비싼 악기일수록 제조 과정을 옛 방식 그대로 까다롭게 지킨다. 스타인웨이Steinway 피아노의 경우 처음부터 끝까지 100퍼센트 수작업을 고집한다.

목재로 만드는 바이올린은 제작뿐 아니라 재료를 물색

하는 과정부터가 피아노보다 더 까다롭다. 현이 내는 음파가 몸통에서 어떤 공명을 만들어 내느냐에 따라 소리가 달라지기 때문이다. 그래서 바이올린의 앞판은 결이 촘촘한 가문비나무, 옆판과 뒤판은 버티는 힘이 있는 단풍나무를 사용한다. 나무의 재질이나 정교함의 정도 및 두께, 몸통에 칠한 도료에 따라서도 음의 울림이 다른데 나무 두께가 1밀리미터만 바뀌어도 소리가 완전히 달라진다고 한다.

바이올린의 명품 스트라디바리우스Stradivarius는 17~18세기 가문비나무를 사용한 것으로 알려져 있다. 바이올린의 소리를 결정짓는 것은 나무의 수명으로 어린 나무는 딱딱하고 날카로운 소리가 난다. 반면 나무가 나이를 먹을수록 열과 습기에 따른 변형이 줄어들면서 연주자가 좋아하는 둥글둥글하고 깊은 음색이 배어나온다.

그런데 이러한 조건을 갖춘 나무를 찾기가 어렵고 가격도 비싼 까닭에 야마하는 200~300년 된 나무의 재질처럼 인공적으로 온도, 습도, 공기압 등을 조절 및 가공해 단기간에 최상의 재료를 만드는 A.R.E.Acoustic Resonance Enhancement(어쿠스틱 공명 확장) 기술을 개발했다. 이 기술을 사용하면 일반적으로 바이올린의 몸체에 바르는 화학 도료를 바르지 않기 때문에 환경적으로도 더 안전하다고 한다.

야마하는 100퍼센트 장인 정신에 따른 전통적인 제작법이 다른 어느 영역보다 더 큰 영향력을 발휘하는 명품 악기 분야에 첨단 기술을 구현했다. 나아가 장인 정신만으로는 구현할 수 없는 부분을 첨단 기술로 보완 및 현실화했다.

흔히 전통적인 부분과 첨단은 서로 대척한다고 생각한다. A 아니면 B라는 사고가 지배적이라는 얘기다. 하지만 앞선 사례에서 볼 수 있듯 A 그리고 B를 성취한 기업도 적지 않으며, 때론 A(B)가 B(A)를 혹은 A와 B가 서로 상호 보완적인 역할을 한다.

## 현대화로 전통의 맥을 잇다

한편 일본에만 626개(2021년 기준) 지점을 둔 회전 초밥 체인점 스시로Sushiro는 2021년 기준 2132억 엔(약 1조 9142억 원)의 매출을 올려 포화 상태인 일본 회전 초밥 업계에서 선두를 달리고 있다.

회전 초밥의 가장 큰 단점은 어떤 종류의 초밥이 얼마나 팔렸는지 관리하기 힘들다는 것인데, 스시로에는 '회전 초밥 종합 관리 시스템'이라는 독특한 시스템이 있다. 고객 수요를 예측하지 못하면 매일 폐기해야 하는 초밥이 늘어나지만 스시로는 초밥을 담은 접시 뒷면에 IC칩을 부착해 수요를 예측한다.

IC칩을 내장한 초밥 접시를 회전판 위에 진열하면 센서가 IC칩을 추적해 어느 시간대에 어떤 종류의 초밥이 얼마나 팔렸는지 모두 기록한다. 스시로는 이 데이터를 토대로 품목별 판매 실적을 수집해 데이터베이스를 만들었다. 내용이 차츰 쌓이자 어떤 재료를 더 구매해야 할지, 어떤 종류의 초밥을 얼마나 팔아야 이익 목표에 도달할지 분석할 수 있어 앞을 내다보는 장사가 가능해졌다.

스시는 일본 식문화에서 장인 정신을 가장 직접적으로 구현한 메뉴로 숙련된 장인이 만든 스시는 개당 밥알 개수까지 거의 일정하다고 한다. 스시로는 손님에게 최상의 정성을 기울인다는 스시 업계의 기본정신을 지키며 여기에 첨단 기술을 더해 경영 효율을 높이고 있다.

### 화상 대화로 한문을 가르치는 청학동 훈장님

어린 시절 내가 TV에서 접한 청학동의 이미지는 조선

스시로의 전경과 IC칩을 내장한 초밥 접시 © Sushiro

시대 옷차림을 한 사람들이 현실 세계와 담을 쌓고 날마다 '공자 왈 맹자 왈' 하는 별천지였다. 사실 지리산 중턱 해발 800미터에 위치한 청학동은 산간 지역이라는 특성 때문에 외부와의 교류가 활발하지 않았고 그만큼 자신들만의 색채를 강하게 고수할 수 있었다.

그런데 몇 년 전 뉴스를 보니 청학동이 기존의 지역 인프라에 ICT(정보통신기술)를 접목하는 창조마을 프로젝트 지원 대상으로 선정되면서 확 달라졌다. 우선 서당에 전자 칠판 솔루션인 비터치Be Touch가 설치됐다. 비터치는 센서를 장착한 붓펜으로 종이에 글씨를 쓰면 그 동작을 고감도 센서가 인식해 대형 화면 및 학생의 모바일로 실시간 전송하는 원격 교육솔루션이다. 한마디로 훈장님이 멀리 있는 학생이나 우리 문화에 관심이 있는 외국인에게 한국의 전통과 한자 등을 원격으로 가르칠 기반을 마련한 것이다. 또 산악 지방에서 종종 발생하는 조난 사고에 대비해 신체의 열 감지 카메라를 장착한 안전 감시용 드론도 운영할 계획이다.

비즈니스 세계에서도 청학동과 ICT의 접목 같은 시도는 얼마든지 가능하다. 2013년 '최고의 경영 사상가 50Thinkers 50'에 선정된 컬럼비아 대학 비즈니스 스쿨의 리타 맥그래스Rita Mcgrath 교수는 『경쟁 우위의 종말The End of Competitive

Advantage』에서 2000년부터 2009년까지 10년간 시가총액이 10억 달러가 넘는 기업 4793곳의 순이익 현황을 분석한 결과 매년 순이익이 5퍼센트 늘어난 기업은 불과 열 곳밖에 없다는 사실을 서술하고 있다.

> "열 곳의 기업에는 한 가지 공통점이 있었습니다. 그것은 자신들의 기술 경쟁력이 시대의 요구에 맞지 않을 경우 거기에 계속 집착하거나 완전히 새로운 사업으로 정체성을 바꾸는 대신 자신의 정체성(전통)과 기술을 잘 살려 별개의 사업 부문을 개척했다는 것이지요."

미국의 밀리켄 앤 컴퍼니Miliken & Company는 1865년 설립된 직물·섬유 업체다. 노동집약적 산업이 호황을 누리던 시절 가파르게 성장한 이 회사는 아시아 등 인건비가 저렴한 국가에서 섬유 산업을 육성하고부터 쇠락하기 시작했다. 그러자 밀리켄은 자신들의 전통적인 기술을 바탕으로 특수 직물과 바닥 깔개, 특수 화학품을 개발하기 시작했다. 기업의 정체성에 새로운 기술을 접목한 셈이다.

맥그래스 교수는 "지금처럼 경쟁이 치열한 환경에서 기업이 오랫동안 살아남으려면 자신의 핵심 역량을 유지하는 동시에 마치 리듬을 타듯 자연스럽게 (핵심 역량과 새로운 기술을 결합한) 제3의 영역으로 이동해야 한다."고 조언했다.

흔히 전통과 첨단 기술은 물과 기름처럼 뚜렷한 경계층이 있어서 섞이기 어렵다고 생각하지만, 수백 년간 이어온 기술 및 전통에 첨단기술을 접목해 새로운 무언가를 만들어낼 여지는 충분하다. 또한 첨단을 달리는 산업에서도 전통의 힘을 필요로 하는 부분은 얼마든지 존재한다.

최근엔 여기서 한 걸음 더 나아가 기술과 인간적인 면을 섞는 기업들도 나오고 있다. 일본의 로봇 제조 벤처회사 유카이 공학Yukai Engineering도 그중 하나다. 유카이 공학은 인간을 위로하는 '공감 로봇'을 제조한다. 동그란 로봇 청소기 같은 외형에 꼬리가 달린 로봇 '쿠보Qoobo'와 입에 손가락을 집어 넣으면 아기나 동물들처럼 살짝 깨무는 '아마가미 하무하무Amagami HamHam' 같은 제품들이다. 아마가미 하무하무를 기획한 직원은 어린 아기를 키울 때 이가 나지 않은 어린 아기가 오물오물 자신의 손가락을 깨무는 감촉에서 마음의 위안을 찾은 데서 아이디어를 얻었다고 했다.

화상 인터뷰로 만난 유카이 공학의 아오이 슌스케青木俊介 창업자 겸 CEO는 "(일반적으로) 로봇은 생산성과 효율성을 높이는 데 기여한다. 하지만 우리는 삶의 질을 높이고, 사람의 마음을 움직이는 인터페이스가 되고 싶다고 생각했다. 사람을 기쁘게 하는 것, 함께 있으면 즐거운 것, 내가 아이와 함께 사용해 보고 싶은 것들을 상품화하고 싶었다."고 말했다.

이 회사가 2017년 제작한 로봇 쿠보의 1분 남짓한 소개 동영상은 공개 직후 일주일 만에 1000만 재생 건수를 달성했을 정도로 화제였다. 댓글 란엔 "힐링된다.", "마음이 따듯해진다."는 글이 달렸다. 쿠보가 주인과 노는 영상 아래에는 다음과 같은 자막이 달려 있다.

> "쿠보는 꼬리가 달린 쿠션형 테라피(치료) 로봇입니다. 살짝 쓰다듬으면 살랑살랑 꼬리를 흔들죠. 많이 쓰다듬으면 세게 휘휘 휘둘러요. 때로는 변덕스럽게(기분 내키는 대로) 꼬리를 흔들기도 하지요. 동물처럼 사람을 위로합니다. 쿠보의 꼬리 테라피로 마음을 위로하는 하루를 시작하세요."

아오이 창업자는 앞으로 데이터가 쌓이면 인간을 이해하는 AI가 등장하게 될 거라고 얘기했다.

"요즘엔 스마트폰 앱 등으로도 사용자의 건강 정보 같은 다양한 정보를 축적할 수 있잖아요. 예를 들어 방 안에도 인체 체감 센서 같은 걸 부착해서 사용자의 몸 상태와 기분 같은 걸 수시로 체크하고, 행동 패턴을 읽도록 하면 그게 쌓여서 나중엔 사용자의 행동을 예측하기가 쉬워집니다. 물론 기계와 인간의 직접적인 대화도 도움이 될 테고. 그렇게 조금씩 예측의 정확성을 높여가면 (인간이 로봇화가 되는 게 아니라) AI가 인간을 이해할 수 있으리라 생각해요."

그의 말대로라면 인간과 기술은 대척점에 있는 것이 아니라 공존하고 서로가 서로를 보완하는 존재가 될 수 있다. 기술과 전통 역시 마찬가지다. 섞이기 어려울 것 같은 두 존재가 서로를 보완하는 것이 가능하고 그 보완 작업으로 더 나은 무언가를 만들어 낼 수도 있다.

만약 오래되고 인간적인 것과 첨단 혁신 기술 사이의 조화로운 접점을 찾아낸다면 미래를 향한 보다 다양한 가능성과 잠재력을 손에 넣을 수 있을 것이다.

쿠션형 테라피 로봇 '쿠보' © Qoobo

개개인의 삶에서 '합'을 찾으려면

# 일과 삶의 균형을 보여 주는 SAS

## 성장과 복지, 두 마리 토끼를 잡은 SAS

노스캐롤라이나주 캐리Cary에 있는 비즈니스 정보 분석 소프트웨어 회사 SAS 인스티튜트SAS Institute(이하 SAS)는 《포춘》이 선정하는 일하기 좋은 100대 기업에 단골로 이름이 오르는 회사다. 2020년 설문조사에 따르면, SAS 직원들 94%가 "직장에 만족한다."고 답변했는데, 이는 미국 평균 직장인들의 회사 만족도 57%를 훨씬 웃도는 수치였다.

여느 회사와 달리 입지부터 다른 SAS의 본사는 36만 제곱미터(약 110만 평)에 이르는 숲속에 있다. 거위와 사슴이 사

SAS의 사내 식당, 미용실, 운동장과 500명의 아이를 돌볼 수 있는 사내 유아원 © SAS

는 숲에서 일하는 직원들은 호텔 뷔페가 부럽지 않은 식당에서 라이브 피아노 연주를 들으며 식사를 한다.

그뿐 아니라 직원들은 근무 시간에도 사내 수영장, 농구 코트, 라켓볼 코트에서 운동을 하고 특별히 스트레스를 많이 받은 날이면 마사지 룸에서 마사지를 받기도 한다. 2003년 미국 CBS의 유명 시사프로그램 「60분」이 "직원들을 왕처럼 대접하는 회사"라고 불렀을 정도다.

더구나 이 회사에는 정년, 해고, 야근, 잔업이 없다. 2008년 글로벌 금융위기 상황에서도 이 규정에는 예외가 없었다. 당시 영국의 일간신문 《인디펜던트The Independent》는 많은 기업이 대규모 인원 감축을 단행해 전 세계에서 약 3400만 명이 일자리를 잃었지만 SAS는 단 한 명도 해고하지 않았다고 보도했다. 직원을 왕처럼 대접하면 성과는 저절로 따라온다는 짐 굿나잇Jim Goodnight 창업자 겸 CEO의 독특한 경영 철학 때문이다.

그렇다고 이 회사가 성장을 희생하면서까지 직원들의 복지만 챙기는 것은 아니다. SAS는 금융위기의 직격탄을 맞은 2008~2010년에도 성장했고 그 다음 해인 2011년에는 전년 대비 13퍼센트나 성장했다. SAS는 어떻게 성장과 복지라는 두 마리 토끼를 한꺼번에 잡을 수 있었을까.

세상에서 가장 일하기 좋은 회사로 꼽히는 SAS조차 금융위기 당시 구조조정을 진지하게 검토한 바 있다. 굿나잇 창업자는 그때를 이렇게 회고한다.

> "금융위기 여파가 이어지던 2008년 말, 업계는 그야말로 엉망진창이었습니다. 모든 업체가 날마다 직원 해고를 발표했지요. SAS에서도 누구를 해고할지 많은 논의가 있었죠."

굿나잇은 마지막 순간 해고 계획을 접었다. 구조조정이 직원들의 사기를 꺾고 이는 결국 효율성 저하로 이어질 거라고 판단했기 때문이다.

> "2009년 1월 29일 저는 한 명도 해고하지 않겠다는 뜻을 분명히 밝혔습니다. 대신 비용 절감을 위해 임금 인상을 하지 않겠다고 했습니다. 직원들은 해고하지 않는다는 뉴스를 듣고 환호성을 질렀습니다. 그해 SAS는 매출이 5퍼센트 성장했습니다. 당시 상황에서 나쁘지 않은 결과였지요. 저는 직원들을 해고하지 않았기에 그런 결과를 낸 것이라고 생각합니다. 직

> 원들이 확신과 동기를 갖고 일할 수 있도록 분위기를 만들어 주었으니까요"

SAS는 직원들에게 채찍을 들이대지 않는다. 만약 어떤 직원이 맡은 일을 제대로 해내지 못하고 업무 능력이 향상되지 않으면 인사 담당자가 그에게 "업무 능력을 좀 더 높일 필요가 있어요."라고 지적한다. 그 뒤 90일 동안 해당 직원의 업무 능력 향상을 위한 트레이닝을 권한다. 만약 90일이 지나도 업무 능력이 향상되지 않을 경우에는 그들이 능력을 가장 잘 발휘할 만한 부서로 옮겨 일하게 한다. SAS는 어디에 심느냐에 따라 결과가 달라질 뿐 조직에 잡초처럼 쓸모없는 존재는 없다고 여기기 때문이다. 굿나잇 창업자는 "개개인이 능력을 발휘할 수 있는 공간에서 충분한 자율성을 보장할 때 창의력이 꽃피고 그것이 회사의 성장으로 이어진다."고 강조했다.

직원들이 일하는 데 필요한 것을 최대한 제공해야 한다고 말하는 그는 자신의 경영 스타일을 다음과 같이 표현했다.

> "저는 하나부터 열까지 일일이 간섭하고 억누르는 스타일이 아닙니다. 스포츠로 예를 들면 저는 코치 같

은 사람입니다. 결코 독재자가 아닙니다."

굿나잇 창업자가 사원들을 이렇게 우대하는 것은 그저 선의를 베풀려는 목적에서가 아니다. 직원들을 존중하고 그들에게 최대한 자율권을 부여하는 것이 뛰어난 인재를 오랫동안 조직에 묶어두는 가장 확실한 방법이라고 굳게 믿고 있기 때문이다.

"만약 당신이 직원들을 잘 대우해 주면 그들은 계속 회사에 남겠지만 그렇지 않으면 곧 떠날 겁니다. 시장에서 지식 노동자에 대한 수요는 매우 높습니다. SAS처럼 일하기 좋은 곳이라고 소문난 직장에서조차 어떤 특별한 직급의 인재를 채용할 때는 어려움을 겪곤 합니다. 직원들은 언제든 자유 의지에 따라 회사를 떠날 수 있고, 회사가 그들을 강제로 옭아맬 수는 없어요. 그러니 가장 좋은 방법은 그들에게 최상의 혜택을 제공하는 겁니다."

실제로 스탠퍼드 대학교의 제프리 페퍼Jeffrey feffer 교수는 저서 『숨겨진 힘Hidden Value』에서 낮은 이직률 덕에 막대한 이익을 보는 사례로 SAS를 언급했다. 기업이 신규 직원 한 사람을 채용하는 데 드는 비용은 직원 한 명 평균 연봉의 1~2배에 달한다. 페퍼 교수는 "SAS는 낮은 이직률 덕에 해마다 1억 달러 이상의 직원 채용 비용을 절감하고 있다."고 분석했다.

일부 경영 전문가는 SAS의 독창적인 경영 방식은 SAS가 창의력을 요구하는 소프트웨어 회사이자 비상장 기업이라 가능하다고 지적한다. 다시 말해 제조업체 상장 기업이라면 그런 경영이 불가능할 것이라는 얘기다. 굿나잇 창업자는 이런 생각에 강력하게 반발한다.

> "다른 기업에서도 SAS 방식이 가능합니다. 실제로 요즘 많은 기업이 직원 친화적인 분위기를 만들고 직원들이 적극적으로 아이디어를 내도록 길을 열어줍니다. 물론 독재적인 기업도 일부 남아 있지요. 하지만 직원들은 그런 회사에 오래 머무르려 하지 않습니다. 언젠가 그들은 회사를 떠날 겁니다. 이는 앞으로 기업이 어떤 방향으로 나아가야 하는지 잘 보여 줍니다."

한국에도 SAS 같은 기업이 드물지만 존재한다. 그 가운데 젊은 구직자들에게 꿈의 직장으로 불리는 IT 기업 제니퍼 소프트Jennifer Soft는 '한국의 SAS'라고 불릴 만하다.

제니퍼 소프트는 전 직원이 정규직이고 하루 일곱 시간 근무가 철칙이다. 여기에다 출퇴근 시간도 자유롭고 추가 근무는 절대 없다. 직원이 출산을 하면 1000만 원의 보조금이 지급되며 5년차 이상 직원에게는 가족이 함께 가는 해외여행 기회가 주어진다. 이 회사는 '당신의 삶이 먼저니 회사를 위해 절대 자신의 삶을 희생하지 말라.'고 공공연하게 밝히기까지 한다.

'저런 회사가 제대로 굴러갈까' 싶은 사람도 있겠지만 2022년 기준 10년간 누적 매출 1600억 원, 2021년 영업이익이 50억 원을 넘긴 내실이 탄탄한 기업이다.

우수한 복지 혜택 덕분에 전국의 창의적인 인재들이 이 회사에 몰려오기 때문이다. '직원을 왕처럼 대하는 것이 바로 회사를 위하는 길'이라는 굿나잇 회장의 주장을 고스란히 보여 주는 셈이다.

많은 경영인에게 직원들을 놀게 하면 기업의 성장은 멈춘다는 고정관념이 있다. 특히 근면과 성실을 강조하는 한국의 기업계에서는 밥 먹듯 하는 야근과 잔업이 회사의 경쟁력을 키우는 길이고, 성장을 위해 직원들이 자기 삶을 부분적이나마 희생해야 한다는 분위기가 팽배하다. 이에 비해 SAS와 제니퍼 소프트 같은 기업은 존재 그 자체로 성장과 직원 복지는 상반된 개념이 아니라 함께 갈 수 있다는 사실을 증명한다.

## 일과 삶 사이의 균형, 가능할까

SAS는 기업이 성장과 복지 가운데 하나를 포기하지 않고 둘 다 성취할 수 있음을 보여 주는 좋은 사례다. 그렇다면 이것이 개개인의 삶에도 동일하게 적용될까.

사회적으로 큰 성취를 이룬 사람은 흔히 "일과 개인의 삶 사이에서 어떻게 균형을 유지했어요?"라는 질문을 받는다. 특히 자녀가 있는 기혼 여성일 경우 인터뷰 질문 리스트에 "일과 가정 사이에서 균형을 유지한 비결이 뭐죠?"라는 질문이 빠지지 않는다. 기업이 성장과 복지를 상충하는 요소로 생각하듯 개개인의 삶에서도 일과 사생활 중 어느 한쪽을 희생해야 한다는 선입견이 강하기 때문이다.

실제로 성공한 사람, 특히 여성의 경우 일에서의 성취를 위해 개인적인 삶을 희생하거나 일 외에는 아무것도 신경 쓰지 않는 지독한 워커홀릭이 많다. 2014년 한국을 찾은 살림의 여왕 마사 스튜어트Martha Stewart는 당시 한국 나이로 일흔세 살이었음에도 불구하고 대단히 의욕적이고 활동적이었다. 그때 그녀는 새 책을 출간한 직후로 요리 쇼를 진행하면서 회사를 운영했고 쉴 새 없이 강연을 하는 한편 새로운 레시피와 살림 법을 연구하고 있었다. 또한 조만간 마사 스튜어트 커피숍을 열 예정이라고 말했다.

그녀가 하루에 순수하게 일에만 투자하는 시간이 얼마나 될까. 스튜어트는 내 궁금증에 무려 "스무 시간"이라고 응답했다.

> "물론 시계를 들고 다니면서 일하는 시간을 일일이 측정해 본 적은 없지만 나는 일을 아주, 아주 많이 해요."

이런 사람을 보면 우리 앞에는 일에서의 성취를 위해 앞만 보고 달리거나 성공을 포기하고 안정적인 삶을 사는 두 가지 선택지만 있다는 고정관념이 더욱 강해진다. 개인의 삶에서 이 두 가지를 함께 성취하기란 불가능한 일일까. 펜실

베이니아 와튼 스쿨의 스튜어트 프리드먼Stewart Friedman 교수는 "절대 그렇지 않다."고 주장한다. 프리드먼 교수는 2011년 《하버드 비즈니스 리뷰》가 선정한 세계에서 가장 영향력 있는 경영 구루 50인, 같은 해 '최고의 경영 사상가 50(27위)'에 이름을 올린 경영 이론가다. 잭 웰치Jack Welch 전 GE 회장, 앨 고어Al Gore 전 미국 부통령 등 세계적인 리더들의 자문을 담당한 그는 이렇게 말했다.

> "우리는 일과 삶의 중요한 영역에 대해 흔히 한 영역에서 이득을 볼 경우 다른 영역은 손해를 보게 마련이라는 제로섬 게임zero sum game의 시각을 갖고 있습니다. 이에 따라 일, 가정, 자아 발전, 개인의 행복 같은 인생의 중요한 여러 가지 목표 가운데 하나를 이루기 위해서는 다른 것을 희생해야 한다고 생각합니다. 우리가 진정 의미 있고 충실한 삶을 살아가려면 먼저 제로섬 게임에 입각한 사고방식부터 바꿔야 합니다."

한마디로 기존의 시각대로만 바라보면 거기에서 벗어날 수 없다는 얘기다.

## 삶의 각 부분에서 교집합을 찾아라

프리드먼 교수는 우리 삶에서 중요한 부분을 차지하는 네 가지 핵심 요소를 일, 가정, 자기 자신(마음, 신체, 정신), 커뮤니티(공동체, 사회)라고 정리한다. 행복하고 의미 있는 삶을 살기 위해서는 이 네 가지가 조화를 이뤄야 한다.

저울이 수평을 유지하려면 넘치는 쪽에서 일정 분량을 덜어내 다른 쪽에 얹어야 하는 반면 조화는 어느 한 쪽의 일방적인 희생을 요구하지 않는다. 예를 들어 일, 가정, 자기 자신, 커뮤니티가 각각 다른 네 개의 동그라미라고 가정해 보자. 사람마다 각각의 동그라미 가운데 어느 하나가 조금 더 크거나 작을 수도 있지만 그것을 굳이 똑같은 크기로 맞출 필요는 없다. 대신 네 개의 동그라미가 더 많은 교집합을 생성하도록 조정하면 굳이 삶에서 어느 한 요소를 포기하거나 희생하지 않더라도 네 가지를 동시에 추구하면서 조화로운 삶을 영위할 수 있다. 프리드먼 교수는 이러한 프로젝트를 토털 리더십total leadership이라고 부른다.

제약 회사에 근무하는 록산은 어린 자녀를 둔 어머니로 프리드먼 교수가 제안한 것처럼 네 개의 동그라미로 자신의 삶을 그려보았다. 그녀의 경우에는 네 개의 동그라미 가운데 가정과 일, 가정과 커뮤니티, 일과 커뮤니티 사이에 겹치는 부분이 꽤 많았다. 록산은 아이를 잘 돌보는 것은 건강에 좋은 약품을 파는 것과 마찬가지로 사회에 기여하는 일이라고 생각했다. 물론 안정적인 수입과 성취감은 록산이 가정에서 더 좋은 아내, 더 좋은 엄마가 되도록 도와준다.

그런데 록산이 그린 네 개의 동그라미에서 '자기 자신'과 '가정' 부분은 거의 겹치지 않았다. 고민 끝에 록산은 둘 사이에 겹치는 영역을 더 키울 만한 아이디어를 생각해 냈다.

"제 생활을 돌아보니 주말에 집에서 멍하니 있는 경우가 많았어요. 지금이라도 테니스나 골프, 수영 등 가족과 함께할 기회를 늘려야겠어요. 그건 가족과의 유대를 강화해 주고 저 자신을 위한 일이기도 해요. 아이들과 함께 지역 사회에 봉사활동을 하러 갈 수도 있겠지요. 이 경우 저 자신과 가족 그리고 지역 사회에 도움을 주지요."

이 접근법은 한편으로는 그럴듯하지만 다른 한편으로는 '과연 한국 같은 조직 문화에 적용할 수 있을까' 하는 의문이 들기도 한다. 아직도 한국의 직장 문화에서는 위계질서와 불필요한 야근, 상사 눈치 보기가 일상적이기 때문이다.

가정과 자기 자신을 위한 교집합을 넓히기 위해 퇴근 후 가족과 함께할 시간을 내고 싶어도 상사가 아직 퇴근하지 않았는데 먼저 자리에서 일어날 수 있는 '간 큰' 부하 직원은 많지 않다. 여기에다 회식이 너무 빈번하고 회식을 할 때마다 술자리가 길어져 새벽 무렵에야 파하는 경우도 많다. 그러다 보니 동그라미의 교집합을 늘리기는커녕 건강을 유지하기조차 힘들다.

한국 같은 조직 문화에서도 개개인이 토털 리더십 프로

그램을 활용하거나 일과 삶의 조화를 모색할 수 있을까.

## 개인이 행복해야 조직도 행복하다

프리드먼 교수는 세계 최대 온라인 강좌 코세라Coursera에서 토털 리더십 프로그램 수업을 가르친 경험을 예로 들었다. 이 강좌에는 193개국에서 5만 7000여 명이 등록했는데 그중에는 아시아권 국가를 비롯해 남미, 유럽, 중동, 남아프리카공화국의 사람들이 있었다. 그런데 문화권마다 각각의 특색이 있다 보니 어떤 문화권에서는 토털 리더십 프로그램이 제시하는 변화를 시도하기가 매우 어려웠다.

프리드먼 교수는 기본적으로 모든 문화권에서 토털 리더십 프로그램 방식을 활용할 수 있다고 믿는다. 그 이유는 이 프로그램이 우리 모두가 자신이 중요하게 생각하는 가치를 설정하는 것은 물론 '내 삶에서 가장 의미 있는 것'을 돌아보게 하기 때문이다. 또한 우리는 이 프로그램에서 행복한 삶을 영위하기 위해 가까운 사람들과 목표를 공유하고 그것을 실현하려면 무엇을 해야 하는지 물어볼 수 있다. 프리드먼 교수는 우리가 도움을 요청하거나 지원을 기대하면 우리를 소중하게 생각하는 사람은 어떤 식으로든 도와주려 노력한다고 말했다.

> "제가 발견한 한 가지 흥미로운 사실은 크든 작든 토털 리더십 프로그램 실험을 통해 모든 사람이 도움을 받았다는 겁니다. 아무런 도움을 받지 못한 사람은 단 한 명도 없었어요. 스스로 노력하는 한 직접적이든 간접적이든 자신이 원하는 목표를 성취하거나 긍정적인 효과를 얻어냈습니다."

예를 들어 A가 상사이고 B가 부하라고 가정해 보자. B는 금요일 오후마다 평소보다 두 시간 빨리 퇴근해야 한다. 막내딸이 고질병을 앓고 있어서 금요일 오후 주치의를 만나 검진을 받아야 하기 때문이다. 어느 날 B가 A에게 상담을 요청한다.

> "아이를 병원에 데려가야 하기 때문에 매주 금요일에는 오후 네 시에 퇴근하고 싶습니다. 한 달 동안 기간을 정해 놓고 제가 금요일 오후 네 시에 퇴근을 할 수 있을까요? 대신 부족한 시간은 다른 요일에 야근

으로 채우고, 영업 실적을 더 내겠습니다. 만약 한 달 동안 제가 약속을 지키지 못한다면 기꺼이 원래대로 정시에 퇴근하겠습니다."

이 경우 B의 입장에 처한 사람은 대부분 영업 실적이 더 높아진다. 짧은 시간에 더 좋은 실적을 내야 하므로 업무에 더 집중하고 시간을 평소보다 효율적으로 사용하려 노력하기 때문이다. 이렇게 한 달 동안 일종의 '실험'을 시도해 성공하면 그것을 한 달에서 두 달 또는 그 이상으로 연장하는 것도 가능하다. 프리드먼 교수의 설명을 들어 보자.

"이 시도가 성공적일 경우 나중에는 오히려 상사가 당신의 제안을 더 환영할지도 모릅니다. 저는 클라이언트나 학생들에게 상사나 조직이 당신의 제안을 더 열성적으로 원하도록 만들라고 말합니다."

앞서의 예처럼 조기 퇴근하는 대신 영업 실적을 높이겠다는 것은 모든 조직의 상사들이 가장 원하는 것이다. 따라서 B가 지속적으로 자신의 약속을 지키는 한 A가 B의 요구에 반대할 이유는 없다.

부하 직원이 개인의 복지를 추구한다고 해서 그것이 꼭 회사의 이익과 상충하는 것은 아니다. 이처럼 발상의 전환과 그것을 뒷받침해 주는 실험, 나아가 실험을 통한 상호 이익 증진이 반복되면 조직 내에 변화가 일어난다. 일부 사람들은 이런 변화에 의구심을 보이거나 회의적으로 반응하지만, 미국과 유럽에서는 이미 기업의 임원들에게 이와 같은 '발상의 전환' 교육을 실시하고 있다. 프리드먼 교수는 그 사례를 들어주었다.

> "실험에 참가한 사람 중 포드 자동차의 회계팀 임원들이 있었지요. 그들은 직원이 원하는 것을 들어주면 회사에 얼마나 경제적 이익이 발생하는지 계산했어요. 흥미롭게도 수백만 달러의 이익이 발생하더군요. 직원들에게 업무 효율성을 보장받는 대신 그들에게 자유를 허락하자 신제품이 활발하게 출시됐고 고객과의 관계가 개선되었으며 불필요한 경비가 줄어들었습니다.

실제로 포드 자동차는 토털 리더십 프로그램을 시작한 지 4개월 만에 580만 달러의 비용을 절감했고 70만 달러의 수익을 창출했다. 현재 미국, 캐나다, 유럽, 중남미 등 세계 전역의 기업과 비영리단체가 이 프로그램을 활용하고 있다.

### 내가 원하는 삶의 모델을 정의하라

1990년대 미국 여자 축구팀이 전성기를 누리던 시절 미드필더로 활약한 줄리 포디Joulie Foudy는 미국에서 널리 알려진 인물이다. 현재 현역에서 은퇴한 포디는 '줄리 포디 스포츠 리더십 아카데미'를 운영하는 등 후진 양성에 힘쓰고 있다.

고등학교 시절 포디는 하필이면 졸업식 날 이탈리아와의 친선 경기에 참가해야 했다. 많은 사람이 그녀에게 "일생에 한 번뿐인 고등학교 졸업식에 불참하느니 차라리 이번 경기에 출전하지 않는 게 어때?"라고 말했다. 반면 졸업식에는 가지 않더라도 팀의 사기를 끌어올리기 위해 반드시 출전해야 한다고 주장하는 사람들도 있었다.

고민하던 포디는 부모님과 이 문제를 의논했다. 딸의 성공을 바라는 부모라면 아마 졸업 파티라는 즐거움 대신 이탈리아 경기 출전이라는 성과를 더 중요시할지도 모른다. 그러나 다른 무엇보다 그녀의 의견을 중요시한 포디의 부모는 이렇게 물었다.

"너는 무엇을 원하니?"

이 질문은 이후로도 포디가 인생에서 중요한 선택을 해야 할 때마다 가장 중요한 판단 기준으로 작용했다.

우리가 개개인의 삶에서 합을 추구하려 할 때 자신에게 가장 먼저 해야 하는 질문도 '나는 무엇을 원하는가', '나는 어떤 사람인가'이다. 이를 위해 프리드먼 교수는 내가 이제까지 어떤 삶을 살아왔는지, 무엇을 중요한 가치로 생각하는지, 앞으로 내가 인생에서 추구하고자 하는 바는 무엇인지, 목표와 현재 상태를 비교해 무엇이 결여되어 있는지 조목조목 적는 것이 좋다고 조언했다. 실은 이 과정에서 자신이 얼마나 무계획적으로 살아왔는지 깨닫고 놀라는 사람이 아주 많다.

모든 사람이 그리는 삶의 모델이 똑같을 수는 없다. 일, 자기 자신, 커뮤니티, 가정 등 각각의 영역은 개개인에 따라 모두 다른 의미를 지닌다. 어느 영역에 더 큰 비중을 두는지도 저마다 다르다. 프리드먼 교수는 다음과 같이 말한다.

> "모든 사람이 풀어야 할 삶의 방정식은 다 다릅니다. 자신이 원하는 삶을 추구하기 위해 각각의 영역을 어떻게 배합해야 하는지에 대해서도 정답은 존재하지 않아요. 그러므로 우리는 저마다의 다양성을 인정하고 자신이 가장 중요시하는 영역을 꾸준히 개발해야 합니다. 그러는 한편 그것을 내 삶의 다른 중요한 영역과 어떻게 조화를 이루게 할지, 어떤 부분에서 교집합을 만들어 낼지 지속적으로 찾아 나가야 합니다."

기업이 정, 반, 합의 경영 방식 중 어떤 것을 채택할 때의 결정 기준은 그 기업이 추구하는 가치가 무엇인가, 무엇을 가장 잘할 수 있는가 하는 점이다. 개인이 자기 삶을 어떻게 이끌어갈지 고민할 때도 이 공식은 동일하게 적용된다.

기업 경영과 마찬가지로 개인이 자기 삶을 경영하는 방법에도 정답은 존재하지 않는다. A에게 가장 성공적인 방법이 B나 C에게는 그다지 효과가 없을지도 모른다. A가 일에서의 성취를 인생에서 가장 중요한 요소로 생각하는 반면 B와 C는 사회봉사나 행복한 가정을 꾸리는 데 더 큰 가치를 둘 수도 있다.

결국 개개인이 얼마나 행복하고 의미 있는 삶을 사느냐는 자신이 추구하는 삶의 방향과 목표에 어느 정도 부합하는 방식으로 삶을 경영하는가에 달려 있다.

기업을 이끄는 경영인이든 자기 삶에 최선을 다하려 하는 평범한 개인이든 커다란 조직 혹은 각자의 인생을 보다 나은 것으로 만들려고 애쓴다는 점에서 우리는 모두 리더다. 더 나은 리더가 되는 방법이 단 한 가지만 있는 것은 아니다. 스스로 설정한 목표에 다가가기 위해 노력하고 그것을 가장 성공적으로 실행할 방법을 찾으면 우리는 매일 더 훌륭한 리더로 성장하는 동시에 보다 나은 인생을 경영할 수 있을 것이다.

# Insight Story

끝까지 지켜내야 하는 유일한 보루, '왜'

_ 사이먼 사이넥 Simon Sinek

1900년대 초 저명한 물리학자이자 스미소니언 천체 물리 관측소의 설립자인 새뮤얼 랭리Samuel Langley는 인류 최초의 동력 비행기를 하늘에 띄우는 프로젝트를 진행했다. 앤드루 카네기Andrew Carnegie와 알렉산더 그레이엄 벨Alaxander Graham Bell 등 유력한 정·재계 인사들을 친구로 둔 그는 미 육군으로부터 5만 달러라는 거액의 투자비와 당대 최고의 지성인으로 구성된 드림팀을 제공받았다.

1903년 12월 17일 인류는 마침내 하늘을 나는 데 성공했지만 '역사상 최초로 하늘을 난 인물'로 남은 이는 랭리가 아니라, 오하이오 주 시골 동네 데이턴Dayton에서 허름한 자전거 점포를 운영하던 무명의 라이트 형제Wright Brothers였다.

객관적인 조건만 놓고 보면 인류 최초로 하늘을 날 것 같은 사람은 라이트 형제가 아닌 랭리였다. 어째서 모든 조건이 열세였던 라이트 형제가 랭리를 앞지른 것일까? 마케팅 전문가로 『나는 왜 이 일을 하는가』, 『리더는 마지막에 먹는다』를 쓴 사이먼 사이넥은 "랭리가 갖고 있지 않았던 '무엇'을 라이트 형제는 갖고 있었기 때문"이라고 말했다. 그 무엇이란 바로 내가 그 일을 하는 뚜렷한 이유이자 목적 의식, 즉 '왜WHY'다.

경쟁이 치열한 비즈니스 세계에서 오랫동안 살아남고 또 소비자에게 꾸준히 사랑받는 기업에는 모두 뚜렷한 'WHY(왜)'가 있다. 사우스웨스트 항공의 WHY는 '우리는 고객을 즐겁게 한다'는 것이다. 애플은 '세상에 흔적을 남기자'를, 마이크로소프트는 '집집마다 PC를'이라는 WHY를 갖고 출발한 기업이다. 사이넥은 이렇게 설명한다.

> "대부분의 기업과 조직은 '왜'가 아니라 '어떻게'나 '무엇을'에만 초점을 맞추죠. 자기 회사의 제품이 경쟁사 제품과 어떻게 다른지 혹은 다른 회사와 차별화를

꾀하기 위해 무엇을 개발했는지만 적극 알리려 합니다. 그러나 소비자가 지갑을 열고 특정 브랜드 및 제품에 애정을 느끼는 때는 '어떻게'나 '무엇을'이 아닌 '왜'에 설득당할 때입니다."

그런데 뚜렷한 WHY를 가지고 출발한 기업도 시간이 지나고 규모가 커지면 원래의 신념을 잃어버리기 십상이다. 바로 그때 혁신이 사라지고 기업은 방향성을 잃고 헤맨다.

디즈니의 창업자 월트 디즈니가 사망한 뒤 전형적인 기업가 스타일인 마이클 아이스너Michael Eisner가 디즈니의 지휘를 맡았다. 그는 온 가족에게 행복을 전해주는 기업이라는 디즈니 본연의 WHY를 팽개치고 숫자와 몸집 불리기에만 주력했다. 그러자 사람들은 WHY를 잃어버린 디즈니를 서서히 외면하기 시작했다. 사이넥은 디즈니가 원래 궤도로 돌아온 것은 밥 아이거Bob lger 회장이 디즈니의 WHY를 회복하려 노력하면서부터였다고 강조했다.

"닌텐도Nintendo는 원래 화투를 만들다가 게임기 제조로 전향한 회사입니다. 그들은 '무엇을(제품)'을 극적으로 바꿨습니다. 하지만 WHY는 바꾸지 않았어요.

그들은 원래 재미라는 WHY를 추구하는 회사였고 화투에서 게임기로 제품 형태가 바뀌었을 때도 WHY를 변함없이 유지했습니다. 닌텐도는 사업상 부침을 많이 겪은 회사죠. 회사가 어려웠을 때는 대개 WHY를 간과했습니다."

방법은 각각 달라도 이들 기업은 모두 자신만의 WHY에 충실해 사랑받는 브랜드로 성장했다. WHY는 한 기업 혹은 한 브랜드의 영혼이나 마찬가지다. 영혼 없는 인간이 온전하기 어렵듯 WHY 없는 기업도 지속적인 생존이 불가능하다.

시대의 변화에 적응하기 위해, 미래의 새로운 먹거리를 찾기 위해 '무엇을'이나 '어떻게'를 바꿀 수는 있다. 하지만 WHY만은 유지해야 한다. 다른 모든 것을 버리거나 바꿔도 WHY만큼은 기업이 끝까지 지켜내야 하는 유일한 보루다. 동시에 그것은 끊임없이 변화하는 세상 속에서 기업이 지속적인 생존 및 성장 전략을 확실히 달성하기 위해 반드시 지켜야 할 가치다.

# 正反合

정반합

# 정반합 正反合

**초판 1쇄 발행** 2024년 4월 25일

**지은이** 오윤희
**펴낸이** 김선준

**편집이사** 서선행
**책임편집** 최한솔
**편집3팀** 오시정, 최구영
**마케팅팀** 권두리, 이진규, 신동빈
**홍보팀** 조아란, 장태수, 이은정, 유준상, 권희, 박지훈, 박미정
**디자인** 김세민
**경영관리** 송현주, 권송이

**펴낸곳** 페이지2북스
**출판등록** 2019년 4월 25일 제 2019-000129호
**주소** 서울시 영등포구 여의대로 108 파크원타워1, 28층
**전화** 070)4203-7755 **팩스** 070)4170-4865
**이메일** page2books@naver.com
**종이** 월드페이퍼 **인쇄** 더블비 **제본** 책공감

ISBN 979-11-6985-074-2 (03320)

• 책값은 뒤표지에 있습니다.
• 파본은 구입하신 서점에서 교환해 드립니다.
• 이 책은 저작권법에 의하여 보호를 받는 저작물이므로 무단 전재와 복제를 금합니다.